Bali verstehen lernen

Ein Reiseführer in den balinesischen Hinduismus

WIDMUNG

Dieses Buch widme ich meiner liebevollen und verständnisvollen Frau Mank und meinen drei bezaubernden Kindern Emma, Alina und Jonas.

Bali verstehen lernen

Ein Reiseführer in den balinesischen Hinduismus

Markus Krauße

Impressum

Bibliografische Information der Deutschen Nationalbibliothek:
Die Deutsche Nationalbibliothek verzeichnet diese Publikation in der
Deutschen Nationalbibliografie; detaillierte bibliografische Daten sind
im Internet über http://dnb.dnb.de abrufbar.

Die automatisierte Analyse des Werkes, um daraus Informationen
insbesondere über Muster, Trends und Korrelationen gemäß §44b
UrhG („Text und Data Mining") zu gewinnen, ist untersagt.

Copyright © 2020, 2025 Markus Krauße
2.überarbeitete Auflage
E-Mail: bali@nachor.de

Verlag: BoD · Books on Demand GmbH, Überseering 33, 22297
Hamburg, bod@bod.de

Druck: Libri Plureos GmbH, Friedensallee 273, 22763 Hamburg

ISBN: 978-3-8192-7766-5

Inhalt

I

1 VORWORT

Ich möchte dich ganz herzlich mit einem *Om Swastiyastu* begrüßen. Das ist die Begrüßungsformel der balinesischen Hindus. Wenn wir einen Balinesen treffen und diesen grüßen wollen, können wir das natürlich auf Indonesisch oder Englisch machen. Ein breites strahlendes Lächeln werden wir allerdings erzeugen, wenn wir die Begrüßungsformel *Om Swastiyastu* benutzen und die Hände dabei zusammengelegt vor die Brust halten. Mit einer winzigen Verbeugung können wir diese Geste zusätzlich unterstreichen. Wichtig dabei ist allerdings, dass diese Begrüßung ernst gemeint ist und mit Respekt erfolgt. Diese Begrüßungsformel kommt aus der altindischen Sprache Sanskrit. Bei einer Hochzeit oder anderen privaten Zeremonie hängt diese Begrüßungsformel häufig in der balinesischen Schrift (Aksara Bali) über dem Eingang:

Om ist das Göttliche, *Su* bedeutet das Gute, *asti* so viel wie anwesend und *astu* hoffentlich. Für uns Deutsche ist dies ein bisschen vergleichbar mit *Gott segne dich.* Wenn wir diese Worte wählen, werden wir meist viel offener empfangen. Beantworten können wir so eine Begrüßung ebenfalls mit *Om Swastiyastu.*

In Bali sind über 92% der über 4 Millionen Einwohner praktizierende Hindus. Der Hinduismus ist ein wichtiger Teil von Bali und ist fester Bestandteil der balinesischen Kultur. Als zweitgrößte Religionsgemeinschaft folgt der Islam mit nur 5,6%. Wenn ich hier von Balinesen spreche, meine ich diese 92%, weil es sonst den Lesefluss in diesem Buch unnötig verkomplizieren würde. Im Jahr 2023 kamen knapp 11,5 Millionen Touristen nach Indonesien. Nach Bali verschlug es dabei etwa 5,3 Millionen. Ein Grund, warum es so viele Touristen nach Bali zieht, liegt neben Sonne, Strand und Meer auch in der hinduistisch geprägten Gesellschaft. Allerdings hat sich Bali insbesondere die letzten Jahre sehr verändert. Der Hinduismus ist immer noch ein wichtiger Teil von Bali und gehört zur Identität der meisten Balinesen. Nebenbei hat sich aber auch eine konsumorientierte Gesellschaft entwickelt, die sehr stark auf den Tourismus ausgerichtet ist. Das hat zur Folge, dass viele Touristen, von dem, was Bali ausmacht, gar nicht mehr so viel mitbekommen. Pauschaltouristen buchen meist ein Hotel im Süden. Gegenden wie Sanur oder Jimbaran sind fast vollständig auf Touristen ausgelegt und haben mit dem normalen balinesischen Leben kaum etwas zu tun. Viele Touristen verbringen die meiste Zeit im Hotel am Pool, buchen irgendwelche Erlebnistouren und gehen an den Strand. Abends suchen sie ein Restaurant oder eine Bar auf und zwischendurch werden Souvenirs eingekauft. Natürlich bucht jeder Tourist, der daheim etwas erzählen will, auch ein oder zwei Tempeltouren. Mit Guide geht es dann meist zu den Tempeln Tanah Lot, Besakih, Uluwatu oder Ulun Danu in Bedugul. Die Möglichkeit an einer Zeremonie teilzunehmen, besteht für die wenigsten Touristen. Da die Anzahl der Zeremonien in Bali sehr hoch ist, kommt es allerdings häufig vor, dass man mit dem Auto oder auch zu Fuß an einer Zeremonie vorbeikommt. Dann wird der Fotoapparat herausgeholt und für das Album schnell ein paar Bilder gemacht, ohne allerdings zu verstehen, was hier passiert. Das führt manchmal sogar zu abstrusen Situationen.

Beispielsweise war ich einmal auf eine Beerdigungszermonie in Sanur eingeladen. Das Verbrennungsritual fand unmittelbar in Strandnähe statt und erweckte verständlicherweise die Neugier vieler Touristen. Wenn dann während der Zeremonie, bei der die Beteiligten eine angemessene Zeremoniekleidung tragen, plötzlich Touristen in Badehose und Bikini mit Fotoapparaten ausgerüstet herumspringen, wirkt das schon etwas komisch. Im Süden scheinen sich die Balinesen damit arrangiert zu haben, bei uns hier im Norden habe ich so etwas noch nicht erlebt und bin mir relativ sicher, dass die Touristen höflich zurechtgewiesen worden wären. In Bali sind Touristen auch bei Zeremonien meist absolut willkommen, allerdings sollten diese zumindest den Oberkörper inklusive der Schultern bedeckt haben und einen Sarong tragen. Jeder darf seinen Urlaub natürlich so verbringen, wie er will, und es ist völlig in Ordnung, einfach nur am Pool oder Strand zu entspannen. Mit diesem Buch möchte ich dir allerdings die Möglichkeit geben, Bali und den Hinduismus ein bisschen besser zu verstehen und vielleicht sogar selbst zu erleben. Mich zog es das erste Mal 2002 nach Bali. Es war ein traumhafter Urlaub. Ich war begeistert von der Schönheit Balis, den lächelnden Balinesen und der gelebten Spiritualität. Ich hatte Tränen in den Augen, als ich dieses Paradies nach nur drei Wochen wieder verlassen musste. Ich kam wieder und wieder. Damals dachte ich bereits ein Experte in Sachen Bali zu sein und gab anderen Touristen Tipps, was sie sehen sollten und habe meine Erfahrungen mit ihnen geteilt. Im Nachhinein muss ich eingestehen, dass Bali und die Balinesen nicht so leicht zu verstehen sind. Der tiefe Glaube, die hinduistische Religion, die Sichtweise auf das Gute und das Böse ist etwas, was mit dem westlich geprägten Verstand nur schwer zu fassen ist. Wahrscheinlich ist es für uns aus dem Westen niemals möglich, das mit dem Herzen wirklich vollständig zu verstehen. Ich vergleiche das gerne mit dem Erlernen einer neuen Sprache. Wir lernen die Vokabeln und die Grammatik und versuchen uns beim Bilden von Sätzen an dieses Regelwerk zu halten. Ein Muttersprachler hingegen spricht die Sprache ganz automatisch. Das passt auch dazu, dass ich auf viele meiner Fragen zum balinesischen Glauben Antworten erhalten habe, die für mich unverständlich, wenig aussagekräftig und zum Teil sogar widersprüchlich waren. Über die Jahre habe ich sozusagen mühsam Grammatik und Vokabeln des balinesischen Hinduismus erlernt und freue mich darauf, dir einen Teil davon hier zu beschreiben.

In dieser zweiten Auflage wurde das Buch nicht nur überarbeitet, sondern um ein neues Kapitel ergänzt: eine Einführung in die balinesische Sprache. Dieses Kapitel soll einen praktischen Zugang zu häufig verwendeten Ausdrücken und Begriffen ermöglichen – insbesondere jenen, die im Alltag und im spirituellen Kontext eine Rolle spielen.

Ich hoffe, dass dieser zusätzliche Teil dir hilft, der Kultur Balis noch ein Stück näher zu kommen – nicht nur durch Wissen, sondern durch Sprache und Ausdruck.

Ich beschreibe in diesem Buch ausschließlich den balinesischen Hinduismus. Auch wenn die Wurzeln des balinesischen Hinduismus in Indien liegen und zum großen Teil auf denselben Schriften basiert wie der indische Hinduismus, gibt es insbesondere im alltäglich gelebten Hinduismus große Unterschiede.

2 ALLGEMEINES

Der Hinduismus ist die älteste bekannte Religion auf der Erde. Die Lehren des Hinduismus werden durch die sogenannten *Veden* überliefert. Der Begriff Veda oder Veden ist Sanskrit und bedeutet so viel wie Wissen oder heilige Lehre. Die Veden wurden zunächst mündlich und später schriftlich überliefert und dienen als Leitfaden für das Leben. Das Ziel ist es sowohl körperliches Wohlbefinden wie auch innerliche Glückseligkeit zu erreichen. Der Hinduismus baut auf fünf Grundglaubensätzen auf (*Panca Sradha*):

1. Der Glaube an die Existenz von *Sang Hyang Widhi* (Gott).
2. Der Glaube an das *Atma* (die Seele).
3. Der Glaube an das *Karma*.
4. Der Glaube an *Samsara* (die Wiedergeburt).
5. Der Glaube an *Moksa* (Durchbrechen des Kreislaufes der Wiedergeburt).

Einige dieser Glaubensätze finden sich auch in anderen Religionen wieder. Der Glaube an die Existenz Gottes ist z.B. in den meisten Religionen gegeben. Die Existenz eines Etwas, was über Allem steht, der Erschaffer der Welt.

Das *Atma* ähnelt dem Konzept der Seele. Es ist die Essenz, die in allen Lebewesen vorhanden ist und diesen Leben verleiht. Das Atma ist das Selbst, welches unabhängig von allen Gedanken und Emotionen in uns existiert und unveränderlich ist, sozusagen das reine Selbst. Das Atma entstammt dem Absolutem, dem Göttlichen. Es hat keinen Anfang und kein Ende.

Im Ansatz ist das Konzept des Karmas mittlerweile den meisten bekannt. Es bedeutet nichts anderes, als das alle Taten entsprechende Auswirkungen haben. Schlechte Taten führen zu Schlechtem und gute Taten zu Gutem. Dies kann unmittelbar geschehen oder sich erst viel später ereignen, gegebenenfalls auch erst in einem anderen Leben. In den heiligen Schriften wird sogar eine Hölle (*Neraka*) erwähnt, in der nach dem Tod das Atma, welches durch schlechte Taten belastet wurde, zur Verantwortung gezogen wird. Die Foltern für bestimmte Taten werden sogar sehr detailliert beschrieben. So wird zum Beispiel ein gieriger Mensch in einem Kupferkessel gekocht, oder ein Mann, der die Frau eines anderen begehrt, an einem Platz festgebunden in dessen Nähe ein Baum mit Stacheln steht und ein riesiger Vogel bringt den Baum zum Schwingen, so dass die Stacheln das Atma des Sünders durchbohren. Allerdings scheint diese Hölle im gelebten Glauben der Balinesen kaum eine Rolle zu spielen.

Viel zentraler ist der Glaube an den Kreislauf der Wiedergeburt. Nach hinduistischer Vorstellung endet das Dasein nicht mit dem Tod, sondern das *Atma* wandert in einen neuen Körper – sei es der eines Menschen oder eines Tieres. Dieser Kreislauf wird *Samsara* genannt. Welche Form die Wiedergeburt annimmt, hängt vom angesammelten *Karma* aus früheren Leben ab.

Der Glaube an *Moksa* bedeutet den Kreislauf der Wiedergeburt durchbrechen zu können. Dies gelingt nur, wenn alle irdischen Anhaftungen überwunden sind und kein Raum mehr für Wut, Hass oder Neid bleibt. *Moksa* lässt sich mit Worten kaum beschreiben – es ist die Rückkehr des *Atma* zu Gott (*Sang Hyang Widhi*). Sein wahres Wesen erschließt sich erst in der Erfahrung, doch es gilt als Zustand höchster Glückseligkeit und vollkommener Erleuchtung.

3 GOTT UND SEINE ERSCHEINUNGSFORMEN

Es gibt immer wieder ein Missverständnis darüber, ob es sich beim Hinduismus um einen *monotheistische*, d.h. einen Glauben an einen Gott, oder um eine *polytheistische* Religion, d.h. der Glaube an viele Götter, handelt. Die Antwort hierauf ist gar nicht so einfach. Im Hinduismus gibt es offiziell nur einen Gott. Er wird *Sang Hyang Widhi Wasa* oder häufig auch nur kurz *Hyang Widhi* genannt. Er ist der Ursprung von Allem und durchdringt Alles. Er hat sich selbst erschaffen und ist das einzige, was ewig existiert. Die Form und Existenz von Hyang Widhi, lässt sich durch die Beschränktheit unserer Gedanken nicht erfassen. Für die Erfüllung verschiedene Aufgaben und Funktionen hat Hyang Widhi deswegen unterschiedliche Erscheinungsformen. Diese Formen werden ebenfalls als Götter bezeichnet, sind allerdings alle nur Erscheinungsformen des einen Gottes Hyang Widhi. Diese Formen sind für uns deutlich einfacher zu verstehen und zu erfassen. Den einzelnen Götterformen werden unterschiedliche Tempel gebaut und auch einzeln Opfergaben dargebracht, so dass dies einer polytheistischen Religion ähnelt.

3.1 DIE DREI EXISTENZEBENEN

Neben den zahlreichen Erscheinungsformen werden für Gott (Hyang Widhi) auch drei Ebenen der Existenz beschrieben. Diese drei Existenzebenen werden vereinigt *Tri Purusa* genannt und sind im Einzelnen:

1. *Parama Siwa,*
2. *Sada Siwa* und
3. *Siwa Atma.*

Parama Siwa ist die höchste Existenzebene und für uns nicht wirklich vorstellbar. Es ist Gott ohne Aktivität und ohne wahrnehmbare Existenz. Vielleicht ein bisschen vergleichbar mit der Weite des Weltalls, die auch leer erscheint und doch irgendwie da ist.

Sada Siwa ist die mittlere Existenzebene. In dieser Ebene ist Hyang Widhi aktiv und besitzt ein Selbst. In diesem Zustand übernimmt er Aufgaben und Funktionen, wie das Erschaffen, das Erhalten und das Zerstören des Universums mit all seinen Inhalten und nimmt je nach Aufgabe verschiedene Daseinsformen an. Beim Erschaffen ist er Gott *Brahma*, beim Erhalten Gott *Vishnu* und beim Zerstören Gott *Shiva*. Diese Einheit nennt sich *Tri Murti*. Wir werden die Tri Murti im nächsten Kapitel eingehender betrachten.

Siwa Atma ist die unterste Existenzebene. Dies ist Gott in uns und in allen Lebensformen. Die Hinduisten nennen diesen Teil Atma, welches kleinste Fragmente des Göttlichen darstellen. Das Atma entspricht in etwa dem uns bekannten Begriff Seele. Das ist der Teil, der unserem Körper das Leben verleiht. Das Atma ist ein Teil Gottes, unveränderlich und ewig. Wenn das Atma unseren Körper verlässt, sterben wir.

3.2 Brahma, Vishnu und Shiva

In der Existenzebene *Sada Siwa* ist Hyang Widhi aktiv und kann sich körperlich manifestieren. Je nach Funktion und Aufgabe nimmt er in dieser Ebene unterschiedliche Formen an. Die drei Hauptformen sind *Brahma*, *Vishnu* und *Shiva*. Alle Lebewesen und Pflanzen unterliegen den drei Prozessen des Entstehens, des Lebens und des Vergehens. Beim Erschaffen hat Hyang Widhi die Form von Brahma, beim Pflegen oder Erhalten des Lebens die Form von Vishnu und im Moment des Zerstörens von Leben die Form von Shiva. Diese drei Erscheinungsformen werden zusammen *Tri Murti* genannt. Tri bedeutet „drei" und Murti „Erscheinungsform" oder „Macht". In jedem Dorf gibt es auch mindestens die drei Tempel *Pura Desa*, *Pura Puseh* und *Pura Dalem*, welche jeweils den einzelnen Erscheinungsformen Brahma, Vishnu und Shiva gewidmet sind. In der ursprünglichen balinesischen Schrift (Aksara Bali) hat jede Gottesform ihr eigenes Symbol. Das Symbol *Ang* steht für Brahma, *Ung* für Vishnu und *Mang* für Shiva. Die drei Anfangsbuchstaben der Wörter zusammengesetzt ergibt *Aum* bzw. das uns aus vielen Mantras bekannte *Om* welches für das allgemein Göttliche steht.

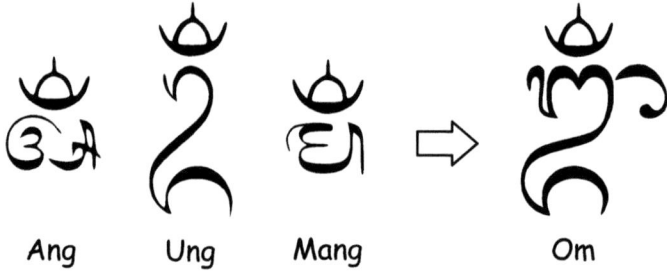

Ang   Ung   Mang   Om

Um die einzelnen Erscheinungsformen und Hyang Widhi unterscheiden zu können und nicht mit den Begriffen Gott und Götter durcheinanderzukommen, werde ich in diesem Buch die Bezeichnung Hyang Widhi für Gott in seiner Urform beibehalten. Handelt es sich um eine männliche Erscheinungsform von Hyang Widhi wird der Begriff *Dewa* und bei einer weiblichen Erscheinungsform *Dewi* benutzt.

Die ursprüngliche balinesische Schrift wird im Alltag nicht mehr verwendet, sondern wurde durch die uns bekannte lateinische Schriftsprache abgelöst. Im religiösen Kontext findet Sie aber weiter Verwendung.

3.2.1 DEWA BRAHMA

Beim Erschaffen nimmt *Hyang Widhi* die Form von *Dewa Brahma* an – dem Schöpfergott. Nach hinduistischem Glauben wurde alles was existiert von Brahma erschaffen. Er ist der Schöpfer des Menschen, der Tiere, der Natur, des Himmels und der Sterne. Da das Erschaffen Energie erfordert, gilt *Brahma* zugleich als Gott des Feuers.

Dargestellt wird er meist als ein alter Mann mit Bart. Er hat vier Köpfe, die in alle vier Windrichtungen blicken und vier Hände. In den Händen hält er meist eine Gebetskette, einen Opferkrug, einen Löffel für Opferzeremonien und heilige Schriften (*Veden*) auf Palmblätter. Manchmal ist er auch im Meditationszustand sitzend auf einem Lotus dargestellt. Zur Fortbewegung benutzt er als Gefährt einen Schwan. Jeder Gott hat ein weibliches Pendant (*Sakti*). Bei Dewa Brahma ist diese Dewi *Saraswati*. Auf die Bedeutung der *Sakti* werden wir später noch näher eingehen.

STECKBRIEF DEWA BRAHMA

- Gott des Erschaffens
- Gott des Feuers oder der Hitze.
- Alter Mann mit weißem Bart.
- Hat vier Köpfe, die in alle vier Windrichtungen blicken.
- Vier Hände: Gebetskette, Opferkrug, Löffel und heilige Schriften (Veden).
- Heiliges Symbol (Ang):

- Anbetung im Tempel Pura Desa.
- Waffe: Gada.
- Schwan als Gefährt.
- Sitzt manchmal in Meditationshaltung auf einem Lotus.
- Wird mit der Farbe Rot symbolisiert.
- Sakti: Dewi Saraswati.

3.2.2 DEWA VISHNU

Dewa Vishnu ist der Gott des Erhaltens und der Fürsorge. Da jedes Leben zum Überleben Wasser benötigt, wird er auch als Gott des Wassers bezeichnet. *Vishnu* wird meist als vierarmiger Mann mit dunkelblauer Hautfarbe dargestellt. Er trägt eine kunstvolle Krone, die seine Macht als Führer symbolisiert und ein Paar Ohrringe, die zwei Dinge symbolisieren, die sich in der

Schöpfung immer gegenüber stehen z.B. Traurigkeit und Glück, Freude und Schmerz. In Darstellungen hält er in seinen Händen oft eine Muscheltrompete, eine rotierende Scheibe mit Zacken (Chakra), eine Keule und eine Lotusblüte. Zur Fortbewegung fliegt er auf Garuda. Garuda ist ein Mischwesen aus Adler und Mensch.

STECKBRIEF DEWA VISHNU

- Gott der Erhaltung und des Schutzes
- Gott des Wassers.
- Vishnu hat blaue Haut, vier Arme, trägt eine Art Krone und zwei Ohrringe.
- Vier Hände: Muscheltrompete, Chakra, Keule und Lotusblüte.
- Heiliges Symbol (Ung):

- Anbetung im Tempel Pura Puseh.
- Waffe: Chakra Sudarsana.
- Nutzt als Gefährt den adlerähnlichen Garuda.
- Wird mit der Farbe Schwarz symbolisiert.
- Sakti: Dewi Laksmi.

3.2.3 DEWA SHIVA

Alles was lebt, muss irgendwann vergehen. Gäbe es unendliches Wachstum würde die Welt aus dem Gleichgewicht geraten. Die Aufgabe der Vernichtung von Leben hat *Dewa Shiva*. Das heißt aber nicht, dass *Shiva* ein böser Gott ist. Nur wenn Leben vergeht, kann neues Leben entstehen. Dies gehört zum Kreislauf der Natur und die Welt bleibt im Gleichgewicht. Wenn eine Rose nicht verblühen würde, würden wir ihrer Schönheit keine Beachtung schenken. Zudem bleibt der göttliche Teil, das *Atma*, in Allem erhalten und erschafft entweder neues Leben oder findet seinen Weg zurück zu *Hyang Widhi*.

Das auffälligste Merkmal *Shivas* ist sein drittes Auge auf der Stirn. Es ist das Auge der Weisheit, es sieht die Dinge wie sie sind, ohne Illusionen, frei von jeglichen Dualitäten. Des Weiteren trägt *Shiva* eine Kobra als Halsschmuck und ein Tigerfell. In Bilder ist er genauso häufig mit zwei wie mit vier Händen zu sehen. Fast immer hält er in einer Hand seine Waffe, den Dreizack. Auch wenn *Shiva* der Gott der Zerstörung ist, wird er eher sanft und jung mit knabenhaften oder gar weiblichen Zügen dargestellt. Da der Wind mit der Kraft eines Sturms oder Hurrikans alles hinwegfegen und zerstören kann, wird er auch als Gott des Windes verehrt. Zur Fortbewegung reitet *Shiva* auf seinem treuen Stier *Nandi*.

STECKBRIEF DEWA SHIVA

- Gott der Vernichtung und Zerstörung.
- Gott des Windes.
- Drittes Auge auf der Stirn, Kobra um den Hals, mit Tigerfell geschmückt.
- Heiliges Symbol (Mang):

- Anbetung im Tempel Pura Dalem.
- Bewaffnet mit einem Dreizack.
- Nutzt als Fortbewegungsmittel den Stier Nandi.
- Wird mit den Farben *Panca Warna* (Farbmischung) oder weiß symbolisiert.
- Sakti: Dewi *Parwati*.

3.2.4 ZUSAMMENFASSUNG

Die drei Götter Brahma, Vishnu und Shiva bilden zusammen die Tri Murti. Sie sind alle Manifestationen des einen Gottes Hyang Widhi auf der Existenzebene Sada Siva in der er Aktivitäten und Aufgaben ausführt. Während Brahma für die Aufgabe der Schöpfung, Vishnu für die Erhaltung und Shiva für die Zerstörung von Inhalten des Universums inklusive des Lebens verantwortlich ist, bedeutet dies keineswegs, dass Shiva als böser Gott und Brahma und Vishnu als gute Götter angesehen werden können. Auch die Erschaffung oder die Erhaltung von Leben kann zu Leiden führen, wenn z.B. ein Mensch mit Schmerzen leben muss.

	Brahma	Vishnu	Shiva
Aufgabe	erschaffen	erhalten	zerstören
Symbol	Ang	Ung	Mang
Element	Feuer	Wasser	Wind
Tempel	Pura Desa	Pura Puseh	Pura Dalem
Farbe	rot	schwarz	panca warna oder weiß
Waffe	Gada	Cakra	Dreizack
Darstellung	Alter Mann mit vier Köpfen und Händen. Auf einem Lotus sitzend.	Vierarmiger Mann, blaue Haut.	Drittes Auge auf der Stirn, Kobra um den Hals, mit Tigerfell geschmückt.
Anzahl der Hände	4	4	2 oder 4
Hände	Gebetskette, Strohbüschel, Löffel, Schöpfkelle, Krug, Schriften	Muscheltrompete, Cakra, Keule, Lotusblüte	Dreizack
Gefährt	Schwan	Vogel Garuda	Stier Nandi
Sakti	Dewi Saraswati	Dewi Laksmi, Dewi Sri	Dewi Durga, Dewi Parwati, Dewi Uma

3.3 SAKTI

Brahma, Vishnu und Shiva verkörpern die männlichen Urkräfte des Universums. Doch für ein harmonisches Gleichgewicht braucht es auch weibliche Urkräfte. Jeder dieser drei Götter hat daher eine weibliche Entsprechung – die *Sakti*. Oft werden sie als Ehefrauen oder Gefährtinnen der Götter bezeichnet, doch diese Bezeichnung greift zu kurz. Sie suggeriert eine untergeordnete Rolle, dabei bedeutet *Sakti* wörtlich „Stärke" oder „Macht". Ohne ihre *Sakti* wären Brahma, Vishnu und Shiva nicht vollständig und könnten ihre Aufgaben nicht in voller Kraft erfüllen. Auch die *Sakti* sind Manifestationen von *Hyang Widhi* und für das Funktionieren des Universums ebenso essenziell wie die Götter der *Tri Murti*.

3.3.1 DEWI SARASWATI (BRAHMA)

Die *Sakti* von Brahma ist *Dewi Saraswati*, die Göttin der Wissenschaft und Künste. Wissen und Wissenschaft haben im hinduistischen Glauben einen hohen Stellenwert. Zum einen kann *Dewa Brahma* ohne Wissen nichts erschaffen, zum anderen ist Weisheit eine Macht, die uns zu Wohlstand verhelfen kann. Zudem ist sie essenziell, um *Moksa* – den Zustand der Glückseligkeit und die Befreiung aus dem Kreislauf der Wiedergeburt – zu erreichen.

Saraswati wird als wunderschöne Göttin dargestellt, die meist auf einer Lotusblume sitzt, begleitet von einem Schwan oder Pfau – manchmal thront sie auch auf einem dieser Tiere. Sie besitzt vier Arme und trägt in ihren Händen eine Laute und eine kleine Trommel als Symbole der Künste, die *Veden* auf Palmblättern als Sinnbild des Wissens sowie eine Gebetskette, die für Meditation und spirituelle Erkenntnis steht. Oft wird sie

in Verbindung mit Wasser dargestellt, das den stetigen Fluss und
die Entfaltung des Wissens symbolisiert.

Dewi Saraswati ist die bekannteste und bedeutendste *Sakti*.
Ihr zu Ehren gibt es alle 210 Tage den Feiertag *Saraswati*, an dem
Bücher und Schriften mit Opfergaben geehrt werden.

- Göttin der Wissenschaft und der Künste.
- Sehr schöne Gestalt.
- Sitz meist in der Nähe von Wasser auf einer Lotusblüte.
- An ihrer Seite ist meist ein Schwan oder Pfau.
- Hält in den vier Händen die Veden, eine Laute, eine kleine Trommel und eine Gebetskette.

3.3.2   DEWI LAKSMI (VISHNU)

Die *Sakti* von *Dewa Vishnu* ist *Dewi Laksmi*, die Göttin des Reichtums, Wohlstands, der Fruchtbarkeit, Schönheit, des Glücks und der Glückseligkeit. Gemeinsam mit *Vishnu* erhält und schützt sie das Leben.

Manchmal wird neben *Laksmi* auch die Göttin *Sri* als *Sakti* von *Vishnu* erwähnt. Sie ist jedoch vielmehr eine alternative Erscheinungsform von *Laksmi*, abhängig von der jeweiligen Funktion, die sie erfüllt. Als *Dewi Sri* verkörpert sie insbesondere Wohlstand und Reichtum, während sie als *Dewi Laksmi* für Glück und Glückseligkeit steht.

Auf Darstellungen erscheint sie als wunderschöne Frau mit vier Armen und einer sanften, anmutigen Ausstrahlung. Sie sitzt oder steht auf einem Lotus und hält Lotusblüten in ihren Händen – ein Symbol für Reinheit und spirituelle Erleuchtung. Im Hintergrund sind häufig Elefanten zu sehen, die Kraft und Anmut symbolisieren.

STECKBRIEF SAKTI LAKSMI

- Göttin des Reichtums, des Wohlstandes, der Fruchtbarkeit, der Schönheit, des Glücks und der Glückseligkeit.
- Hübsch, weich und bezaubernd.
- Steht oder sitzt auf einem Lotus.
- Hat vier Arme.
- Hält Lotusblüten in ihren Händen.
- Häufig mit Elefanten im Hintergrund zu sehen.

3.3.3 DEWI PARWATI (SHIVA)

Auch *Dewa Shiva* hat eine weibliche Entsprechung – die *Sakti Dewi Parwati*. In der Literatur gibt es zahlreiche, teils widersprüchliche Darstellungen ihrer Gestalt, was jedoch gut zur vielschichtigen Natur *Shivas* passt. Am häufigsten werden die Namen *Dewi Parwati*, *Dewi Durga* und *Dewi Uma* als seine *Sakti* genannt.

Am einfachsten lässt sich die weibliche Urkraft *Shivas* als *Dewi Parwati* begreifen, die sich in unterschiedlichen Aspekten manifestiert – als *Dewi Durga* oder *Dewi Uma*, je nach Funktion und Charakter. Auf Bali wird *Dewi Durga* als furchteinflößende, alte Frau mit wirren Haaren, weit aufgerissenen Augen und einer langen, hervorgestreckten, feuerspeienden Zunge dargestellt. Ihren Weg beschreitet sie über menschliche Schädel.

Dewi Uma hingegen ist die anmutige und schöne Erscheinung der *Sakti*. Eine Geschichte, die mir ein *Dalang* (Schattenspieler) erzählte, beschreibt, wie diese beiden Seiten von *Parwati* entstanden: Einst benötigte ihr Sohn *Ganesha* für die Heilung seiner Frau die Milch des *Lembu Nandi*, des Reittiers *Shivas*. Doch selbst *Shiva* hatte diese Milch noch nie getrunken und verweigerte *Ganesha* daher seine Bitte. *Parwati* jedoch ließ sich davon nicht abhalten – sie gab ihm die Milch heimlich hinter *Shivas* Rücken. Als dieser davon erfuhr, war er erzürnt und verwandelte seine *Sakti* in die furchteinflößende Gestalt der *Dewi Durga*. Doch wenn sie an seiner Seite ist, nimmt sie wieder die schöne Gestalt der *Dewi Uma* an.

Parwati gilt als eine gebende Göttin, die Wünsche erfüllt – so wie sie es auch für *Ganesha* tat. Dabei macht sie keinen Unterschied zwischen guten und schlechten Wünschen. Die Verantwortung liegt beim Wünschenden selbst, denn jede Bitte wirkt sich auf sein *Karma* aus.

3.4 GANESHA, BUDDHA, AVATARE

Die Hauptformen von *Hyang Widhi* sind *Brahma, Vishnu* und *Shiva*. In den heiligen Schriften und Erzählungen tauchen jedoch zahlreiche weitere Gottheiten und Manifestationen auf. Oft handelt es sich dabei um die Kinder der „Hauptgötter" oder um *Avatare*. Ein *Avatar* ist eine Erscheinungsform von *Vishnu*, mit der er sich auf der Erde manifestiert, um bestimmte Aufgaben zu erfüllen. Die bekanntesten Avatare sind *Krishna, Rama* und auch *Buddha*. Insgesamt gibt es 22 solcher Erscheinungen. Besonders interessant ist *Buddha*, da seine Lehren Elemente des Buddhismus in den Hinduismus einfließen lassen.

Der auch im Westen beliebte Gott *Ganesha* mit dem Kopf eines Elefanten ist der Sohn von Shiva und seiner Sakti Parwati.

Anders interpretiert ist Ganesha eine Gottesform, die aus der männlichen und weiblichen Urkraft Shivas hervorgeht. Viele Balinesen haben eine Statue von Ganesha in ihrem Haus oder am Eingang ihres Grundstücks. Sie soll Glück bringen und positive Energie verbreiten.

Wir sehen auf einer Hand von Ganesha ein Hakenkreuz, welches in der westlichen Welt durch die Nationalsozialisten mit einer sehr negativen Bedeutung behaftet ist und bei vielen ein unbehagliches Gefühl auslöst. Doch im *Hinduismus* existiert das Hakenkreuz oder auch *Swastika* genannt, bereits seit Jahrtausenden. Der Name stammt aus dem Sanskrit und bedeutet „glückverheißend" oder „vielversprechend". Dementsprechend symbolisiert das *Swastika* im *Hinduismus* Glück, Erfolg und Wohlstand.

4 MORAL, ETHIK UND VERHALTEN

Jede Religion legt in gewissem Maße Verhaltensregeln fest, die für das Funktionieren einer Gesellschaft notwendig sind. Im Christentum kennen wir beispielsweise die Zehn Gebote. Im Hinduismus haben ethische und moralische Lehren jedoch eine besonders große Bedeutung. Zum einen werden auch hier Verhaltensregeln propagiert, die für eine funktionierende Gesellschaft notwendig sind und zum anderen beschreiben die Lehren des Hinduismus auch Wege, die zu Glück und Glückseligkeit führen und welches Verhalten z.B. zu Unglück und Leid führt. Dabei wird nicht nur betont, dass *Gier, Hass* und *Neid* zerstörerische Gefühle sind, sondern auch, dass sie als menschlich und normal betrachtet werden. Entscheidend ist jedoch, wie man mit ihnen umgeht: Statt sie zu unterdrücken oder zu ignorieren, gilt es, sie bewusst wahrzunehmen und in positive Gedanken – beispielsweise *Dankbarkeit* – umzulenken. *Meditation* und *Achtsamkeit*, die im Buddhismus eine zentrale Rolle spielen, sind auch im Hinduismus von Bedeutung. Dabei wird Meditation häufig mit der Konzentration auf das Göttliche gleichgesetzt.

4.1 Schlechtes Verhalten

Innerlich strebt eigentlich jeder danach ein guter Mensch zu sein und auch als solcher wahrgenommen zu werden. Der Hinduismus als Religion soll die Menschen dazu anleiten, gutes Verhalten zu praktizieren. Ein zentrales Konzept ist dabei *Karmaphala* (*Karma* = Taten, Handlungen; *Phala* = Früchte). Es bedeutet, dass jede Handlung Konsequenzen hat: Alles, was wir tun oder nicht tun, wird entsprechende Folgen haben. Wenn wir anderen Menschen, Tieren und Lebewesen mit Güte begegnen, wird sich dies positiv auf unser eigenes Leben auswirken. Um dieses Prinzip zu verstehen, muss man nicht einmal an eine Religion glauben: Wer stets abwertend und respektlos mit anderen spricht, wird kaum mit Freundlichkeit und Hilfsbereitschaft rechnen können. Nach hinduistischem Glauben wissen wir allerdings nicht, wann uns die Folgen unseres Handelns treffen. Dies kann jetzt oder in der Zukunft sein. Da im Hinduismus ebenfalls an die Wiedergeburt geglaubt wird, können die Folgen bestimmter Handlungen sogar erst im nächsten Leben eintreffen. Ebenso kann das, was uns im jetzigen Leben widerfährt, eine Konsequenz aus früheren Inkarnationen sein. Deswegen ist es wichtig, *gute Handlungen* zu kultivieren und *schlechtes Verhalten* zu vermeiden. In diesem Zusammenhang gibt es das Konzept von *Tri Mala* (*Tri* = drei, *Mala* = schmutzig), das drei Arten von schlechtem Verhalten beschreibt:

1. Schlechte Handlungen
2. Schlechte Rede
3. Schlechte Gedanken

Die schlechten Gedanken sind hierbei besonders erwähnenswert, da wir in der westlichen Kultur einen so großen Wert auf die Individualität legen und wir dazu erzogen werden, dass die Gedanken frei sind. Doch jede Tat und jedes Wort beginnt mit einem Gedanken – und schlechte Gedanken können uns selbst und andere beeinträchtigen. Somit ist das Ziel dieser Lehre Positives für uns und andere zu fördern und dazu gehört auch die Gedanken in positive Richtungen zu lenken.

4.2 Gute Eigenschaften

Neben dem Vermeiden schlechten Verhaltens ist im Hinduismus auch klar definiert, welche Charaktereigenschaften als positiv gelten und bewusst gefördert werden sollten. Diese werden unter dem Begriff *Catur Paramita* zusammengefasst. *Catur* bedeutet „vier" und *Paramita* „gute Charaktereigenschaften". Somit bezeichnet *Catur Paramita* die vier edlen Charaktereigenschaften, die ein tugendhaftes Leben fördern:

1. **Maitri – Freundlichkeit**
   Maitri steht für ein freundliches und wohlwollendes Verhalten gegenüber anderen. Wir begegnen Menschen mit Respekt, kommandieren sie nicht herum, vergeben Fehler und teilen sowohl Freude als auch Leid miteinander.

2. **Karuna – Mitgefühl**
   Karuna steht für Mitgefühl gegenüber allen Menschen, Tieren und der Umwelt. Wir teilen mit denen, die es benötigen, beschützen die Schwachen und zeigen echtes Mitgefühl für das Leid anderer.

3. **Mudita – Mitfreude**
   Mudita bedeutet auf die Gefühle anderer zu achten, emphatisch und einfühlsam zu sein. Wenn jemand erfolgreich ist, freuen wir uns für ihn, wenn jemand traurig ist, nehmen wir Anteil an den Gefühlen.

4. **Upeksa – Gelassenheit und Respekt**
   Upeksa mahnt uns dazu sich nicht einfach in die Angelegenheiten anderer Leute einzumischen und ihre Rechte zu respektieren. Wir verurteilen oder beleidigen niemanden, blicken nicht auf andere herab und stellen ihre Fehler nicht bloß.

Diese vier Prinzipien sollen dabei helfen, harmonische zwischenmenschliche Beziehungen zu fördern und ein ausgeglichenes, moralisch gefestigtes Leben zu führen.

4.3   WEGE ZUM GLÜCK

Der balinesische Hinduismus bietet nicht nur eine Orientierung für moralisches und ethisches Verhalten, sondern auch eine Anleitung für ein glückliches und erfülltes Leben. Diese Lehre wird als *Tri Parartha* bezeichnet. *Tri* heißt übersetzt „drei" und *Parartha* „Glück und Wohlstand". Daher bedeutet *Tri Parartha* so viel wie „die drei Wege zu Glück und Wohlstand". Diese bestehen aus:

1. **Asih – Mitgefühl und Liebe**
   Asih steht für Mitgefühl, Nächstenliebe und Fürsorge. Es bedeutet, Streit zu vermeiden, auf andere zu achten, sie zu schützen und sowohl Menschen als auch Tieren und Pflanzen mit Respekt und Fürsorge zu begegnen.

2. **Punia – Großzügigkeit und Hilfsbereitschaft**
   Punia beschreibt das Geben und Helfen. Wer anderen Menschen Unterstützung bietet – sei es durch materielle Hilfe, Zeit oder Wissen – trägt zu einem harmonischen Miteinander bei und erfährt selbst Erfüllung.

3. **Bhakti – Opfergaben und Gottesverehrung**
   Bhakti umfasst die spirituelle Praxis, insbesondere die Verehrung Gottes durch Gebete und Opfergaben. Diese Rituale stärken die Verbindung zum Göttlichen und sind ein zentraler Bestandteil des balinesischen Glaubens.

5 BETEN

Auf Bali spielt das Beten eine zentrale Rolle im Alltag. Es gibt zahlreiche Feiertage und Zeremonien, die fest im Leben der Menschen verankert sind. Balinesen beten häufig und mit großer Hingabe. Viele von ihnen freuen sich, wenn sich Gäste aus anderen Ländern für ihre religiösen Bräuche interessieren. Daher kommt es nicht selten vor, dass Reisende spontan zu einer Zeremonie eingeladen werden.

Für jemanden, der so etwas zum ersten Mal erlebt, ist das natürlich sehr aufregend, allerdings auch mit sehr vielen Fragen verbunden. Besonders bei größeren Zeremonien in öffentlichen Tempeln sehe ich oft verunsicherte Touristen, die nicht genau wissen, wie sie sich verhalten sollen und welche Bedeutung die verschiedenen Rituale haben. Zwar gibt es einige Regeln, die man beachten sollte, doch die meisten sind fast schon selbstverständlich. Der wichtigste Punkt ist zunächst die angemessene Kleidung bei einem Tempelbesuch oder einer Zeremonie.

5.1 KLEIDUNG

Bei jeder Zeremonie oder religiösen Veranstaltung und insbesondere bei einem Tempelbesuch gilt es die passende Kleidung zu benutzen. Dabei gibt es Unterschiede zwischen der Bekleidung für Männer und Frauen sowie leichte Variationen je nach Art der Veranstaltung. Für Touristen werden deutlich lockerere Bedingungen akzeptiert.

5.1.1 BEKLEIDUNG FÜR TOURISTEN

Für den Besuch in einem Tempel und für die meisten Zeremonien benötigen Touristen nur einen Sarong als Rock gebunden, einen Hüftschal als Gürtel und ein T-Shirt oder ein Hemd, welches Schulter und Bauch bedeckt. Das Oberteil sollte möglichst nicht zu dunkel sein. Weiß, rot, orange und alle Cremefarben sind geeignet. Bei Frauen wird der Sarong lediglich im Uhrzeigersinn um die Hüfte gewickelt. Dabei sollte er fest sitzen aber immer noch einen bequemen Schritt ermöglichen. Das T-Shirt oder die Bluse wird über den Sarong getragen und zum Schluss der Schal um die Hüfte gebunden. Frauen sollten lange Haare nicht offen tragen, sondern zu einem Zopf binden.

Hinweis für Frauen: Während der Menstruation ist der Besuch eines Tempels nicht gestattet, da nach balinesischem Glauben das Blut die Reinheit des Tempels beeinträchtigen könnte.

Es ist zwar im Grunde kein Problem, wenn Männer den Sarong auch um die Hüfte wickeln, dies ist aber nicht die übliche trageweise für Männer. Männer falten den Sarong mit der rechten Seite mehrfach übereinander, so dass vorne mittig eine Art Ziehharmonika-Effekt entsteht. Allerdings gibt es hier durchaus unterschiedliche Falttechniken. Die folgende Bildserie illustriert diese Anlegetechnik.

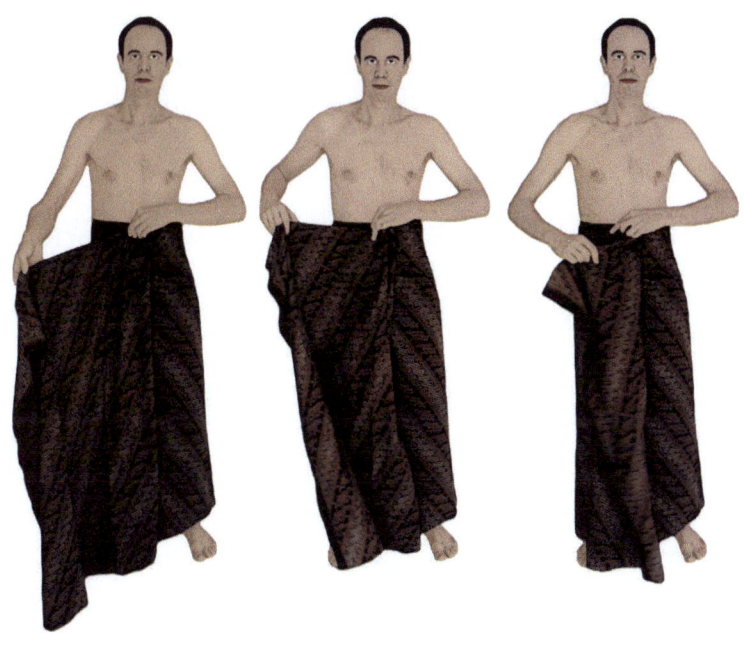

Männern empfiehlt es sich zudem einen *Udeng* auf dem Kopf zu tragen. Steht kein Udeng zur Verfügung kann dieser bei einem einfachen Tempelbesuch ohne Zeremonie aber auch weggelassen werden.

Für eine reine Besichtigung eines Tempels ohne Zeremonie reicht diese Bekleidung aus. Wer jedoch an einer Zeremonie teilnimmt, wird sich wohler fühlen, wenn er sich der traditionellen balinesischen Kleidung anpasst. Zudem sehen Erinnerungsfotos in vollständiger Zeremonienkleidung oft besonders schön aus.

5.1.2 ZEREMONIEKLEIDUNG FÜR FRAUEN

Die Frauen sind für eine Zeremonie sehr farbenfroh gekleidet. Der Dress besteht aus einem Sarong, einer *Kebaya* (Bluse), einem

Korsett, einem Hüftgürtel und Schuhen. Die Kleidung ist farblich aufeinander abgestimmt. Da die Kebaya meist aus einem durchscheinenden Stoff besteht, tragen balinesische Frauen darunter ein schwarzes Korsett. Für Touristinnen reicht alternativ ein schlichtes Tanktop. Die Haare der Frauen werden entweder hochgesteckt oder zu einem Zopf getragen. Das Anziehen der Kleidung unterliegt keiner besonderen Technik. Der Sarong wird einfach um die Hüfte gewickelt und der Hüftgürtel oder Hüftschal über die Kebaya angelegt.

5.1.3   ZEREMONIEKLEIDUNG FÜR MÄNNER

Die Zeremoniekleidung der Männer besteht aus etwas mehr Komponenten und auch das Anziehen benötigt etwas mehr Kenntnisse und Geschick. Über den Sarong wird ein weiteres

Tuch (*Saput*) angezogen. Dieser wird so über den Sarong gebunden, dass dieser unten noch etwas zu sehen ist. Der Saput ist im Allgemeinen einfarbig mit Verzierungen am unteren Rand. Die Öffnung beim gebunden Saput zeigt nach vorn. Über den Saput wird ein Hüftschal (*Selendang*) gebunden. Das traditionelle Oberteil (*Kemeja*) wird über den Hüftschal getragen. Häufig wird anstatt dem sehr traditionellen Oberteil auch einfach ein kurzärmliges Hemd angezogen.

Während bei den meisten Zeremonien ein helles Oberteil, ein heller Saput und ein weißer Udeng getragen werden, kommen bei Hochzeitszeremonien dunkler Farben, meist braun zum Einsatz. Ist jemand verstorben, sind die Farben noch dunkler, meist wird hier ein dunkelblaues oder schwarzes T-Shirt getragen.

5.2 Verhalten bei einer Zeremonie

Die Teilnahme an einer von einem Priester geleiteten Zeremonie ist für viele Touristen ein Highlight ihrer Balireise. Es gibt zahlreiche Arten von Zeremonien, die sich in ihrem Ablauf zum Teil erheblich unterscheiden. In diesem Kapitel werfen wir zunächst einen Blick darauf, was uns als Touristen erwartet und wie wir uns angemessen verhalten. Bestimmte Details betrachten wir später genauer. Die gute Nachricht ist, dass eine Zeremonie auf Bali insgesamt deutlich lockerer ist als beispielsweise ein Gottesdienst in einer christlichen Kirche. Zwar sollten wir der Zeremonie mit dem nötigen Respekt begegnen und nicht zu laut sein, doch Gespräche mit dem Sitznachbarn und gelegentliches Lachen sind völlig in Ordnung.

Wie nimmt man an einer Zeremonie teil?

Am einfachsten ist es, im Hotel nachzufragen, wann und wo die nächste Zeremonie stattfindet und ob eine Teilnahme möglich ist. Die Angestellten freuen sich meist über das Interesse und da diese höchstwahrscheinlich auch zu den Zeremonien hingehen werden, findet sich meist jemand der uns dorthin begleitet. Alternativ kann auch ein professioneller Guide engagiert werden, der für seine Erklärungen ein kleines Honorar erhält. Wer bereits mit Einheimischen ins Gespräch gekommen ist, kann auch diese fragen – Balinesen gehen selten alleine zu einer Zeremonie, weshalb es als Tourist relativ einfach ist, sich einer Gruppe anzuschließen.

Die im vorherigen Kapitel beschriebene Zeremoniekleidung wird uns in der Regel geliehen, und die Balinesen helfen gerne beim Anlegen. Zusätzlich benötigen wir Blüten und Räucherstäbchen, die uns meist ebenfalls bereitgestellt werden. Da wir im Vorfeld nie wirklich wissen, wie lang so eine

Zeremonie ist, sollten wir auf jeden Fall etwas Trinkwasser mitnehmen.

Ablauf einer Zeremonie

Es gibt keine exakte Uhrzeit, wann eine Zeremonie beginnt oder endet. Die Zeremonien in den öffentlichen Tempeln werden kontinuierlich abgehalten, d.h. es finden etliche Zeremonien hintereinander statt und wir müssen gegebenenfalls warten, bis die aktuelle Zeremonie beendet ist und wir den inneren Teil des Tempels betreten dürfen. Nachdem wir den inneren Teil des Tempels betreten haben und während die Balinesen ihre Opfergaben nach vorne bringen, setzen wir uns an einem freien Platz im Schneidersitz in Richtung der Opfergaben schauend auf den Boden.

Frauen können alternativ auch gerne kniend sitzen. Wer Probleme mit den Knien hat, kann die Beine weiter öffnen oder zur Seite legen, sollte dabei aber beachten, die Füße niemanden entgegenzustrecken, da diese aufgrund des direkten Kontakts zum Boden als unrein gelten und das Entgegenstrecken als unhöflich empfunden wird. Anschließend positionieren wir ein glimmendes Räucherstäbchen vor uns auf dem Boden und können mit einer Blume, die zwischen unseren zusammengefalteten Händen vor unsere Stirn gehalten wird, unseren Geist frei machen, Gott begrüßen und uns so für die Zeremonie bereit machen.

Im Zweifel können wir einfach beobachten, wie die Balinesen sich verhalten und es ihnen gleichtun.

Bis zum eigentlichen Gebet gibt es für uns nicht mehr viel zu tun und wir können den Ablauf der Zeremonie genießen und auch von unserem Sitzplatz mal ein paar Fotos oder ein Video zu machen ist im Allgemeinen kein Problem.

Tri Syndhya

Meist ruft der Priester nach etwa zweidrittel der Zeremonie zum Gebet der *Tri Sandhya* auf. Dieses Gebet ist vergleichbar mit dem christlichen *Vaterunser*. Den genauen Ablauf und den Inhalt betrachten wir im nächsten Kapitel. Während der Tri Sandhya bringen wir unsere Hände in Form einer Lotusblüte vor unsere Brust und schließen die Augen, um den sechs Versen der Tri Sandhya zu folgen.

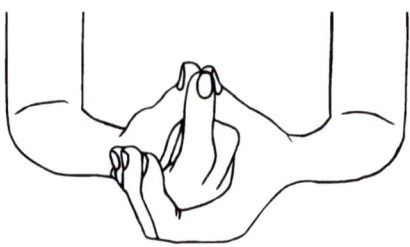

Es kann aber auch durchaus vorkommen, dass die Tri Sandhya ausgelassen wird, insbesondere wenn viel Andrang herrscht und viele Zeremonien hintereinander durchgeführt werden.

Beten (Kramaning Sembah)

Nach der Tri Sandhya folgt mit einem kleinen zeitlichen Abstand das Ritual *Kramaning Sembah*. Hierbei fordert der Priester die Anwesenden auf gemeinschaftlich insgesamt fünfmal zu beten. Wie bereits zuvor führen wir jedes Mal unsere gefalteten Handflächen an die Stirn. Das erste Mal tun wir dies ohne Blume. Beim zweiten, dritten und vierten Mal jeweils mit Blume zwischen den Handflächen und beim fünften Mal wieder ohne. Wir halten die Hände in etwa so lange oben, wie der Priester seine Glocke (*Genta*) läutet.

Es ist aber auch kein Problem, wenn wir etwas früher aufhören. Auf die Bedeutung des Rituals *Kramaning Sembah* und den genauen Ablauf gehen wir im Abschnitt 5.4 genauer ein.

Abschluss der Zeremonie: Heiliges Wasser und Reis

Zum Ende der Zeremonie wird vom Priester und seinen Helfern heiliges Wasser (*Tirta*) und in Wasser eingeweichter Reis (*Bija*) verteilt. Wenn der Priester zu uns kommt, legen wir beide Hände offen nach oben gerichtet auf die Beine, um ihn zu signalisieren, dass wir bereit sind, das geheiligte Wasser, den Reis und damit sozusagen auch den Segen von *Hyang Widhi* zu erhalten. Der Priester hat hierfür ein Gefäß mit dem heiligen Wasser und eine Art kleiner Reisigbesen.

Zu Beginn bespritzt er mit dem kleinen Reisigbesen unseren Kopf mit dem heiligen Wasser. Dann legen wir die rechte Hand über die linke und strecken diese dem Priester entgegen. Dieser träufelt uns mit dem Reisigbesen das geheiligte Wasser in die

Hand. Wir führen dieses mit der rechten Hand zum Mund und trinken davon einen kleinen Schluck.

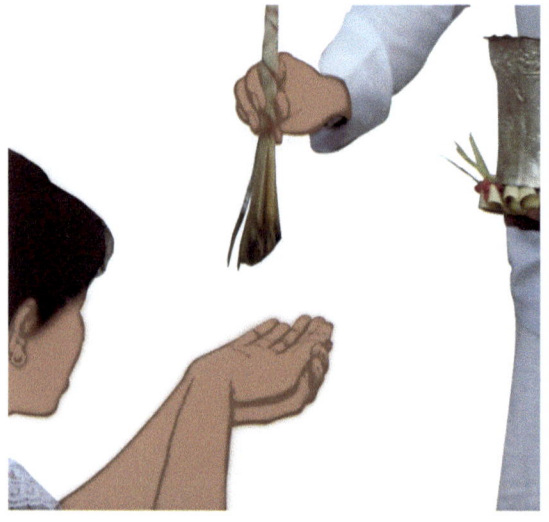

Dies wiederholen wir insgesamt dreimal. Beim vierten Mal verteilen wir das vom Priester in die Hand erhaltene Wasser auf dem Kopf. Meistens wiederholen wir auch dies noch weitere zweimal, manchmal belässt der Priester es aber auch bei dem einen Mal. Zur Sicherheit können wir dem Priester die aufeinandergelegten Hände einfach entgegenstrecken und sehen, wie dieser reagiert. Ist das Ritual beendet, beträufelt er mit dem Reisigbesen nochmals unseren Kopf. Danach wird uns ein Gefäß mit dem im Wasser getränkten Reis entgegengehalten. Manchmal erhalten wir den Reis direkt vom Priester, der uns das heilige Wasser gegeben hat und manchmal von einer anderen Helferperson. Den Reis greifen wir mit der rechten Hand und legen ihn dann in die Linke. Von dort nehmen wir eine kleine Portion mit Daumen, Zeigefinger und Mittelfinger und kleben sie direkt in die Mitte der Stirn. Wenn alle Gläubigen das Weihwasser und den Reis erhalten haben, ruft der Priester zu einem kleinen Dankesmantra auf. Dazu legen wir wieder die gefalteten Hände vor die Stirn und sagen „*Om Shanti Shanti Shanti Om*". Damit ist die Zeremonie beendet. Wir stehen auf und können den Tempel verlassen.

Anmerkung zum heiligen Wasser

Wenn ich Touristen dabei beobachte, wie ihnen das heilige Wasser dargeboten wird, kann ich oft sehen, wie bei einigen die Gedanken anfangen, ob sie das Wasser überhaupt bedenkenlos trinken dürfen. Schließlich wird in den Reiseführern häufig genug vor dem Leitungswasser gewarnt und selbst für das Zähneputzen wird die Benutzung von Trinkwasser empfohlen. Meist stammt das heilige Wasser aus sauberen Quellen. Das muss aber tatsächlich nicht immer der Fall sein. Es reicht aber nur ein bisschen an dem Wasser zu nippen, so dass die Gefahr sich durch das Wasser den Magen zu verderben sehr gering ist.

5.3 DAS GEBET TRI SANDHYA

Die *Tri Sandhya* ist ein Gebet mit sechs Versen vergleichbar mit dem *Vaterunser* der Christen. *Tri* bedeutet „drei" und *Sandhya* bedeutet „beten". Die Tri Sandhya sollte drei Mal am Tag gebetet werden, morgens, mittags und abends. In vielen Dörfern wird im Dorftempel dieses Gebet von einem Priester über die Lautsprecher durchgeführt. Da die Bevölkerung in Indonesien vorwiegend muslimisch ist und es auch in Bali einige Moscheen gibt, wird das manchmal von Touristen mit dem Gebetsrufer (*Muezzin*) einer Moschee verwechselt. Die wenigsten Balinesen beten die Tri Sandhya dreimal am Tag. Meist wird die Tri Sandhya im Tempel zusammen gebetet oder abends bei der Darlegung der Opfergaben. Schüler beten die Tri Sandhya auch gemeinsam in der Schule. Die sechs Verse der Tri Sandhya sind wie folgt:

1. *Om bhur bhuvah svah*
   tat savitur varenyam
   bargho devasya dimahi
   dhiyo yo nah prachodayat

Bedeutung:
Göttlicher, wir verehren die Brillanz von dir, der die Erde, die Luft und den Himmel kontrolliert, mögest du Intelligenz und Weisheit schenken.

2. *Om narayana evedam sarvam*
   yad bhutam yac ca bhavyam
   niskalanko niranjano nirvikalpo
   nirakyatah suddho devo eko
   narayana na dvityo asti kascit.

Bedeutung:
Göttlicher, Narayana ist alles, was existiert und was existieren wird, frei von jeder Art Flecken und Schmutz, frei von Veränderungen, nicht darstellbar, heiliger Gott Narayana, von dem es nur einen einzigen gibt und keine zwei.

3. *Om tvam sivah tvam mahadevah,*
   isvarah paramesvarah
   brahma visnusca rudrasca
   purusah parikirtitah.

Bedeutung:
Göttlicher, du wirst Shiva (der Zerstörer), Mahadeva (oberster Gott), Iswara (allmächtig), Parameswara (der größte König),

44

Brahma (der Schöpfer), Vishnu (der Hüter), Rudra (der sehr Beängstigende) und Purusa (das große Bewusstsein) genannt.

4. *Om papo ham papakarmaham*
   papatma papasambhavah
   trahi mam pundarikaksa
   sabahyabhyantara sucih.

Bedeutung:
Göttlicher, dieser Diener ist notleidend, die Taten sind voll von Sünden, sein Selbst ist arm, die Geburt dieses Dieners ist arm, Hyang Widhi, beschütze diesen Diener, reinige seine Seele und seinen Körper.

5. *Om ksamasva mam mahadeva,*
   sarvaprani hitankara
   mam moca sarva papebyah
   palayasva sada sivah.

Bedeutung:
Göttlicher, vergib diesem Diener, großartiger Hyang Widhi schenke Wohlstand für alle Wesen. Befreie diesen Diener von allen Sünden, beschütze diesen Diener.

6. *Om ksantavyah kayiko dosah*
   ksantavyo vaciko mama
   ksantavyo manasa dosah
   tat pramadat ksamasva mam.
   Om santih, santih, santih.

Bedeutung:
Göttlicher, vergib die Sünden, die durch die Taten dieses Dieners entstanden sind, vergib die Sünde, die durch die Worte dieses Dieners entstanden sind, vergib die Sünde die durch die

Gedanken dieses Dieners entstanden sind, vergib diesem Diener
seine Nachlässigkeit.

Göttlicher, schenke uns Frieden, Frieden, für immer Frieden.

Die Verse aus dem Sanskrit lassen sich nur schwer wörtlich
mit Sinn übersetzen, so dass diese Übersetzung recht frei ist, um
die Verse verständlich zu machen. Der erste Vers ist auch als das
Gayatri- Mantra bekannt.

Für das Gebet setzen sich die Männer im Schneidersitz
(*Padmasana*) und die Frauen im Fersensitz (*Bajrasana*) auf den
Boden. Häufig benutzen allerdings auch die Frauen den
Schneidersitz. In der Schule wird die Tri Sandhya stehend (*Pada
asana*) vorgetragen.

1. Haltung (Asana)

Der Körper wird in aufrechte Haltung gebracht.

Mantra:

Om prasada satiti sarira siwa suci nirmala yang namah swaha.

Bedeutung:

Göttlicher, Erhalter und Fürsorger allen Lebens. Dein
Diener hat sich ruhig hingesetzt.

2. Atmung (Pranayama):

Um den Geist und Körper zusammenzuführen wird zunächst
eine Atemübung durchgeführt. Bei der Atemübung werden
die Mantras nur im Geist aufgesagt.

Einatmen mit Mantra:

Om Ang Namah.

Bedeutung:

Göttlicher in Form von Brahma, ich verneige mich vor dir.

Atem halten mit Mantra:
Om Ung Namah

Bedeutung:
Göttlicher in Form von Vishnu, ich verneige mich vor dir.

Ausatmen mit Mantra:
Om Mang Namah

Bedeutung:
Göttlicher in Form von Shiva, ich verneige mich vor dir.

3. Reinigung (Karosodhana):

Anschließend wird eine spirituelle Reinigung der Hände durchgeführt. Hierfür wird zuerst die rechte Hand auf Bauchhöhe über die linke Hand gelegt. Beide Handflächen zeigen hierbei nach oben.

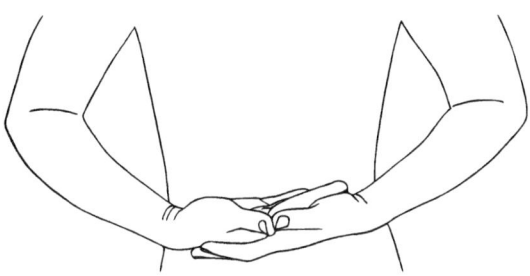

Mantra:
Om Sudhamam Swaha

Bedeutung:
Göttlicher, bitte reinige diese Hand.

Als nächste wird die linke Hand über die Rechte gelegt.

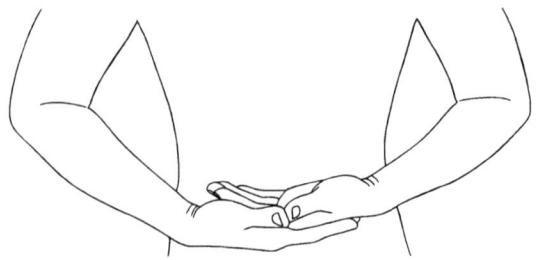

Mantra:

Om Ati Sudhamam Swaha

Bedeutung:

Göttlicher, bitte reinige auch diese Hand.

4. Tri Sandhya (Gebet):

Beim Aufsagen der Tri Sandhya werden mit den Händen eine Art Blume geformt und vor die Brust gehalten. Hierfür werden zuerst die Daumen- und Zeigefingerspitze der rechten Hand zusammengeführt. Die restlichen Finger sind wie bei einer Faust eingerollt. Die Daumenspitze der linken Hand wird an die Daumen- und Zeigefingerspitze der rechten Hand angelegt. Die restlichen Finger der linken Hand umschließen die rechte Hand. Anschließend werden die sechs Strophen der Tri Sandhya aufgesagt. Die Augen sind hierbei geschlossen.

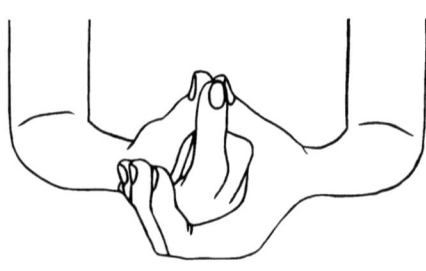

5.4 Das Gebetsritual Kramaning Sembah

Kramaning Sembah ist eine Art Gebetsritual. Kramaning stammt vom Wort *Krama* ab und hat die Bedeutung Manieren oder Verhalten und *Sembah* bedeutet Wertschätzung. Kramaning Sembah heißt damit so viel wie Verhalten bei der Anbetung. Manchmal wird dieses Ritual auch *Panca Sembah* genannt. Panca bedeutet fünf, womit Panca Sembah fünf Anbetungen heißt. Und tatsächlich beten wir bei diesem Ritual genau fünf Mal zu Hyang Widhi. Bei jedem Mal führen wir dazu unsere zusammengefalteten Hände in Kopf- oder Stirnhöhe und beten ein Mantra.

1. *Mal*:
   Wir führen unsere gefalteten Hände ohne Blüte in Stirnhöhe, schließen unsere Augen und beten.

Mantra:

Om atma tattvatma soddha mam svaha

Übersetzung:

Göttlicher, Atma oder Seele und Wahrheit, reinige mich.

2. *Mal*:

Dieses Mal benutzen wir zum Beten eine weiße Blüte. Wir führen die gefalteten Hände mit der Blüte in Stirnhöhe, schließen die Augen und beten.

Mantra:

Om Aditya sya param jyotih,
Rakta teja namo stute,
Sveta pangkaja madhyasthah
Bhaskara yo namo stute.

Übersetzung:

Göttlicher, das Sonnenlicht ist großartig,
dein Licht strahlt rot, ich verehre dich.
Du bist inmitten des weißen Lotus.
Ich verehre dich, du Erschaffer der Sonne.

3. *Mal*:

Beim dritten Mal benutzen wir zwei oder drei farblich gemischte Blüten, führen diese mit unseren gefalteten Händen in Kopfhöhe und beten.

Mantra:

Om namo devaya adhi stanaya,
Sarva vyapi vai sivaya,
Padmasana eka prathistaya,
Ardhanaresvarya namo namah.

Übersetzung:
Göttlicher, vollkommenes Ganzes,
der Gott der auf dem höchsten Platz wohnt,
dem wahren, omnipräsenten Shiva, der Gott der auf einer
Lotusblüte thront,
dein Diener verehrt dich.

4. Mal:

Auch beim vierten Mal beten wir wieder mit farblich
gemischten Blüten in Kopfhöhe.

Mantra:

Om anugraha mano hara,
Deva dattanugrahaka,
Arcanam sarva pujanam,
Namah sarva nugrahaka,
Deva devi maha siddhi,
yajnangga nirmalatmaka,
Laksmi siddhis ca dirgahayuh,
Nirvighna sukha vrddhis ca.

Übersetzung:
Göttlicher, Gnade gebender.
Gottesgeschenke gebender.
Mein Vorbild, ich verehre dich,
du gibst uns alle Geschenke.
Allmächtiger Gott und allmächtige Göttin,
mit aufopferndem Körper,
heilig, lang lebend,
glücklich und ohne Hindernisse.

5. Mal:

Als letztes führen wir wieder unsere gefalteten Hände ohne Blüte in Kopfhöhe, schließen unsere Augen und beten.

Mantra:

Om Deva Suksme Paramacintya Nama Svaha

Übersetzung:

Göttlicher, ich danke dir, der Gott, der undenkbar, überlegen und übernatürlich ist.

Es macht nichts, wenn wir die Mantras nicht kennen. Wir sollten aber fünfmal die gefalteten Hände an die Stirn legen. Das erste Mal ohne Blüte, dann dreimal mit und dann noch einmal ohne. Während jeder Phase lässt der Priester die Glocke klingen, so dass wir das Ende einer Phase am Verstummen der Glocke erkennen.

5.5 Weihwasser und Reiskörner

Zum Ende einer Zeremonie erhalten wir geheiligtes Wasser (*Tirta*) und in Wasser eingelegte Reiskörner (*Bija*). Da es ohne Wasser kein Leben gibt, hat im Hinduismus dieses einen hohen Stellenwert. Der Reis als das wichtigste Nahrungsmittel der Balinesen, steht symbolisch für Wohlstand und hat eine ebenso große Bedeutung. Wenn wir das geheiligte Wasser und den Reis entgegennehmen, erhalten wir symbolisch von Gott Wasser und Reis und zeigen durch Demut unsere Dankbarkeit für dieses Gottesgeschenk, welches wir täglich erhalten.

Zu Beginn richten wir unseren Körper auf, senken ganz leicht unser Haupt und strecken unsere Hände mit den Handflächen nach oben leicht seitlich aus.

Dies signalisiert dem Priester, dass wir für das Ritual bereit sind, und dieser bespritzt uns dreimal mit dem heiligen Wasser.

Mantra:
Om ang brahma amrtha ya namah,
Om ung wisnu amrtha ya namah,
Om mang isvara amrtha ya namah.

Übersetzung:
Göttlicher mit Namen Brahma, Wisnu, Iswara, ich verehre dich, mögest du mir mit diesem geheiligten Wasser Leben geben.

Anschließend strecken wir dem Priester unsere mit den Handflächen nach oben aufeinandergelegten Hände entgegen. Die rechte Hand ist stets oben.

Der Priester träufelt uns das geheiligte Wasser in die rechte Hand. Wir führen diese zum Mund und trinken das Wasser. Dies wiederholen wir drei Mal.

Mantra:
Om Sarira paripurna ya namah,
Om ang ung mang sarira sudha,
Pramantya ya namah,
Om ung ksama sampurna ya namah.

Übersetzung:
Göttlicher, Schöpfer, Beschützer und Zerstörer aller Kreationen, möge der Körper dieses Dieners immer gesund und perfekt sein.

Als letztes erhalten wir vom Priester wieder drei Mal das geheiligte Wasser in die Hand. Dies verteilen wir über unser Gesicht und/oder unseren Kopf.

Mantra:
Om Siva amrtha ya namah,
Om sadha siva amrtha ya namah,
Om parama siva amrtha ya namah.

Übersetzung:
Göttlicher Shiva, Sada Shiva, Parama Shiva, möge das geheiligte Wasser diesem Diener Leben schenken.

Zum Abschluss erhalten wir den in Wasser eingelegten Reis und kleben uns diesen an die Stirn, essen ein paar Körner davon und verteilen den Rest über unser Haupt. Der Reis soll uns Glück und Wohlstand bringen.

5.6 Beten in öffentlichen Tempeln

Öffentliche Tempel können – sofern keine Zeremonie stattfindet – mit der entsprechenden Bekleidung fast immer besucht werden. Dort können wir beten, meditieren und innere Ruhe finden.

Balinesen haben meist einen bestimmten Anlass oder ein Anliegen, wenn sie in den Tempel gehen. Sie bitten beispielsweise um Schutz und Beistand oder bringen ihre Dankbarkeit zum Ausdruck. Dabei führen sie Opfergaben mit sich, darunter Räucherstäbchen und bunte Blüten.

Beim Eintritt in den Tempel begrüßen wir Hyang Widhi mit vor den Körper zusammengelegten Händen und bitten um Einlass. Danach werden an die verschiedenen Säulen und Gebetsplätze Opfergaben (Canang) mit einem angezündeten Räucherstäbchen niedergelegt.

Als Touristen genügt es allerdings auch Räucherstäbchen und ein paar Blüten dabei zu haben. Anschließend setzen wir uns im Schneidersitz oder im Kniesitz vor den Gebetsplätzen auf den

Boden. Vor uns positionieren wir ein wohlriechendes Räucherstäbchen und führen unsere Gebete oder unsere Meditation durch. Die Balinesen beenden so einen Besuch meist mit dem stillen Aufsagen der Tri Sandhya und dem Ritual Kramaning Sembah.

5.7 TÄGLICHES BETEN ZU HAUSE

Hyang Widhi Dankbarkeit zu zeigen, ist ein fester Bestandteil des balinesischen Alltags und beginnt bereits am Morgen zu Hause. Gleich nach dem Aufstehen, noch bevor sie selbst etwas essen oder trinken, bereiten die Balinesen Kaffee mit einer kleinen Süßigkeit zu und reichen diese geschmückt mit einem Räucherstäbchen Sang Hyang Widhi an den Haustempeln dar.

Die Anzahl der Tempel und Gebetsplätze kann sehr variieren. Bei unserem Haus sind dies z.B. vier Plätze. Ein Tempel am Eingang (*Jero Gede*), der als Schutz dient und fast an jedem Haus oder Grundstück vorhanden ist, zwei Tempel für die Göttin des Wohlstandes Sri, die schon bei Erwerb des Grundstückes vorhanden waren und eine Statue von Ganesha, wobei Ganesha Milch anstatt Kaffee serviert wird.

Reis, das wichtigste Grundnahrungsmittel der Balinesen, spielt ebenfalls eine besondere Rolle. Sobald der erste Reis des Tages fertig gekocht ist, wird eine kleine Portion davon auf kleine Quadrate aus Bananenblättern gelegt und mit Salz bestreut.

15 bis 20 dieser kleinen Reisopfer ist eine übliche Anzahl, es können aber durchaus auch mehr sein. Anschließend werden diese an alle möglichen Opferplätzen auf dem Grundstück und im Haus verteilt, wie beispielsweise an der Kochstelle, an den Tempeln, am Brunnen, am Hauswasseranschluss, am Wasserturm, an Wegeingänge und an den kleinen Sitzhäusern den sogenannten Bales.

Jeden Abend werden an all diesen Opferplätzen auch kleine Blumengestecke (*Canang Sari*) mit einem Räucherstäbchen dargelegt.

Schließlich setzt man sich an den Tempelsäulen nieder, betet die *Tri Sandhya* und bringt *Sang Hyang Widhi* seine Dankbarkeit dar.

5.8 OPFERGABEN UND GEBETSUTENSILIEN

Es gibt sehr viele verschiedene Opfergaben und Gebetsutensilien. Wie die Opfergaben zurechtgemacht werden und woraus diese im Detail bestehen, unterscheidet sich von Region zu Region zum Teil recht deutlich. Wir betrachten deswegen hier nur einen Überblick und den groben Aufbau. Das Aussehen solcher Opfergaben kann aber je nach Gegend durchaus variieren.

5.8.1 *CANANG*

Das *Canang* haben wir ja bereits im vorherigen Abschnitt kennengelernt. Es gibt verschiedene Ausführungen eines Canangs darunter Canang *Sari*, Canang *Pembersihan* und Canang *Saraswati*. Canangs sind im Grunde kleine Opfergestecke.

Das Canang Sari ist das am häufigste benutzte Canang und dient beispielsweise für die allabendliche Opfergabe und kann auch als kleine Opfergabe zum Besuch in öffentlichen Tempeln benutzt werden. Mit einem Canang erbitten wir den Schutz und die Hilfe *Hyang Widhis* im täglichen Leben.

Die Basis eines *Canang Sari* kann verschiedene Formen haben – zum Beispiel rechteckig oder blumenförmig aus Palmblättern oder einfach trichterförmig aus Bananenblättern.

Das hier dargestellte Canang Sari hat vier verschieden farbige Blütenblätter, welche bei der Darlegung entsprechend den Himmelsrichtungen ausgerichtet werden. Die blauen Blütenblätter zeigen nach Norden. Des Weiteren befinden sich im Inneren eines Canang Saris *Plawablätter* und ein sogenanntes *Porosan*.

Die Plawablätter stehen nach den heiligen Schriften symbolisch für das Erzeugen stiller und reiner Gedanken.

Das Porosan besteht aus einem Stück Betelnuss, einem getrockneten Betelpfefferblatt und etwas Kreide. Diese Bestandteile werden dann mit einem kleinen Stück eines Kokosbaumblattes umwickelt. Das Porosan ist ein Symbol für die Verehrung *Hyang Widhis* in Form der Trimurti. Die rote Betelnuss steht für die Manifestierung von *Dewa Brahma*, das schwarze Betelpfefferblatt für *Dewa Vishnu* und die weiße Kreide für *Dewa Shiva*.

Abschließend wird das Canang mit den verschiedenfarbigen Blüten und einer speziellen Art kleingeraspelter grüner Blätter verziert.

5.8.2 KEWANGEN

Das Kewangen ist ein kleines, trichterförmiges Gesteck und wird beim Beten zwischen die Handflächen in Stirnhöhe gehalten.

61

Das Kewangen wird häufig beim *Kramaning Sembah* Ritual (siehe Abschnitt 5.4) beim dritten und vierten Gebetsvorgang anstatt einer Blüte eingesetzt. Wie ein Opfergesteck Canang besteht ein Kewangen aus einem Porosan, Plawablättern, bunten Blüten und dem grünen, geraspeltem Gras. Des Weiteren enthält das Kewangen noch eine mit einem Loch versehene Münze (*uang kepeng*).

Dieses Geldstück dient als Symbol für die Bitte, dass uns kein Mangel erleiden möge.

5.8.3 BANTEN

Für größere Zeremonien werden auch größere Opfergaben verwendet. Diese sind sehr vielfältig und heißen *Banten*. Die kunstvoll gestalteten Körbe und Gestecke enthalten verschiedene Gaben, mit denen *Hyang Widhi* Dankbarkeit gezeigt wird. In den Opfergaben finden wir beispielsweise kleine Küchlein, hart gekochte Eier, gegrillte oder frittierte Hühner und die verschiedensten Sorten von Früchten wie Orangen, Äpfel, Schlangenfrüchte, Mangosteen und Trauben.

Nach der Zeremonie werden die Opfergaben wieder mitgenommen und gemeinsam verzehrt. In früheren Zeiten als die Nahrungsversorgung noch etwas weniger reichlich war als heute, kam nach einer Zeremonie die ganze Familie zusammen und freute sich sehnsüchtig auf den Verzehr dieser gesegneten Opfergaben. Auch heute wird dies noch so praktiziert, allerdings ist es nicht mehr etwas so Besonderes, da Früchte, Eier, Fleisch und Süßigkeiten mittlerweile auf dem täglichen Speiseplan stehen.

5.8.4 Tieropfer

Bei bestimmten Zeremonien werden auch Tieropfer dargebracht. Dazu zählen insbesondere das gegrillte Schwein (*babi guling*) und gegrillte Hähnchen. Ein Schwein wird in der Regel nur bei größeren Zeremonien geopfert, etwa bei einer Hochzeitszeremonie, der Einweihung von Tempeln oder größere Tempelzeremonien.

Das Tieropfer ist Ausdruck tiefer Dankbarkeit gegenüber *Hyang Widhi*, da es eine wertvolle Gabe darstellt und auch für Balinesen keine Selbstverständlichkeit ist. Nach der Zeremonie dienen geopferte Schweine der Versorgung helfender Hände, der Nachbarn und der Freunde.

5.8.5 KOSTEN UND ARBEIT DER OPFERGABEN

Die Kosten für Opfergaben und Zeremonien können beträchtlich sein. So werden z.B. bei einer durchschnittlichen Hochzeitszeremonie etwa drei gegrillte Schweine, etliche Hühner, jede Menge Opfergestecke und natürlich Nahrungsmittel für die Verköstigung helfender Hände und Gäste benötigt. Selbst bei einer kleinen Hochzeit kommen so mindestens 1500€ zusammen, häufig geht es aber eher so in Richtung 2500€-4000€. Angesichts eines Mindestlohns von etwa 150 € im Monat stellt dies eine erhebliche finanzielle Belastung dar. Allerdings besteht ein Familienverband in Bali aus sehr vielen Mitgliedern und auch der nachbarschaftliche Zusammenhalt ist recht groß. So unterstützen sich die Balinesen gegenseitig. Der eine spendet ein Schwein und der andere ein paar Hühner, Geld oder weiteres Nützliches, so dass solche Zeremonien trotz der hohen Kosten durchgeführt werden können.

5.8.6 DREIFARBIGES ARMBAND (TRI DATU)

Während einer öffentlichen Zeremonie erhalten Teilnehmer manchmal drei zusammengeknotete Fäden in den Farben rot, schwarz und weiß. Diese Fäden werden ineinander verdreht am Handgelenk befestigt. Dieses dreifarbige Armband heißt *Tri Datu* und die einzelnen Farben symbolisieren *Brahma*, *Vishnu* und *Shiva*.

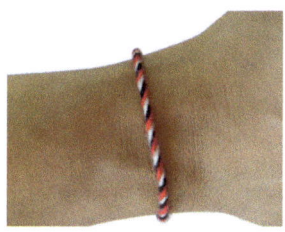

Das Verdrehen der Fäden symbolisiert die Vereinigung der drei Götter, die *Tri Murti*. Das Armband soll uns an die Größe von *Hyang Widhi* erinnern, uns in unserem Glauben bestärken und uns beschützen. Es soll die Elemente Feuer (Wärme), Wasser und Luft in unserem Körper im Gleichgewicht halten und uns so vor Krankheiten schützen.

Neben dem Tri Datu gibt es noch ein weiteres, selteneres Armband: das *Sanga Datu*, das aus neun Farben besteht. Dieses wird nur zu bestimmten Zeremonien im Muttertempel Pura Besakih verteilt und repräsentiert die neun Götter (*Ida Batara Ista Dewata*) des Tempels. Jede Farbe steht für eine dieser Gottheiten:

- Weiß – *Dewa Iswara*
- Rot – *Dewa Brahma*
- Gelb – *Dewa Mahadewa*
- Schwarz – *Dewa Vishnu*
- Grau – *Dewa Shiva*
- Rosa/Lila – *Dewa Maheswara*
- Orange – *Dewa Ludra*
- Grün – *Dewa Sangkara*
- Blau – *Dewa Sambu*

Dieses Armband wird als besonders kraftvoll angesehen und soll den Träger unter den Schutz der neun Götter stellen.

5.9 Spiritueller Gesang

Während den Zeremonien hören wir begleitend häufig jemand eine Art spirituellen Sprechgesang vortragen. Diese religiösen Gesänge heißen *Kidung* und verleihen einer Zeremonie eine ganz besondere Atmosphäre. Die Lieder sind in der Sprache Sanskrit verfasst und werden meist von etwas älteren Herren vorgetragen. Es gibt insgesamt fünf verschiedene Gruppen spiritueller Lieder:

1. Die Lieder *Kidung Dewa Yadnya* befassen sich mit der Anbetung und Lobpreisung von Gott und seinen verschiedenen Erscheinungsformen.

2. Die Lieder *Kidung Rsi Yadnya* handeln von den Pflichten eines spirituell Suchenden, der sich auf den Weg der Erleuchtung begibt.

3. Die Lieder *Kidung Pitra Yadnya* beschreiben die Reise der Seele in das Leben nach dem Tod. Diese Lieder werden

dementsprechend beim Tod eines Menschen und der damit zugehörigen Zeremonien vorgetragen.

4. Die Lieder *Kidung Manusia Yadnya* handeln von der hingebungsvollen Anbetung zu Gott, der damit in Verbindung stehenden Erlangung von Weisheit und gesellschaftlichen Respekts. Diese Lieder werden z.B. bei der 6-Monatszeremonie, der Zahnfeilung und der Hochzeit gesungen.

5. Die Lieder *Kidung Bhuta Yadnya* befassen sich mit der Darbietung von Opfergaben an *Bhuta Kala*. Bhuta Kala ist eine teils göttliche Kreatur mit negativer Energie, die aus der Kraft Shivas und seiner Sakti Parwati hervorgeht. Die Opfergaben sollen dazu dienen Bhuta Kala zu besänftigen, damit sie das menschliche Leben nicht stört.

6 DER BALINESISCHE KALENDER

Bevor wir die wichtigsten Feiertage und Zeremonien kennenlernen, lohnt es sich, einen Blick auf den balinesischen Kalender zu werfen – oder besser gesagt: auf die balinesischen Kalender. Denn in Bali werden neben dem gregorianischen Kalender, den wir aus dem Westen kennen, zwei weitere Kalendersysteme verwendet:

- Der *Pawukon-Kalender* basiert auf einem *210-Tage-Zyklus* und zählt keine Jahre.
- Der *Saka-Kalender*, der auf die *Mondphasen* ausgerichtet ist.

Die Funktionsweise dieser beiden Kalender ist nicht einfach zu durchschauen. Ich selbst brauchte mehrere Anläufe, um das System zu verstehen. Auch die meisten Balinesen verlassen sich im Alltag auf einen Papierkalender, um die Feiertage zu bestimmen. Das komplexe Kalendersystem spiegelt die Vielschichtigkeit der balinesischen Religion wider – und genau das möchte dieses Kapitel verdeutlichen.

6.1 PAWUKON-KALENDER

Der Pawukon-Kalender ist eine faszinierende und zugleich verwirrende Zeitrechnung auf Bali. Ein Jahr in diesem Kalender dauert nur 210 Tage – also deutlich kürzer als unser gewohntes Jahr mit 365 Tagen. Dabei werden die Jahre nicht gezählt, sondern laufen in einem ewigen Kreislauf weiter. Die 210 Tage sind in 30 Wochen (*Wukus*) unterteilt, die jeweils sieben Tage lang sind. Eine Wuku-Woche beginnt sonntags und endet am Samstag. Jede der 30 Wuku-Wochen hat einen eigenen Namen:

1. Sinta,   2. Landep,   3. Ukir,   4. Kulantir,   5. Tulu,
6. Gumbreg,   7. Wariga,   8. Warigadian,   9. Julungwangi,
10. Sungsang, 11. Dunggulan, 12. Kuningan, 13. Langkir,
14. Medangsia,   15. Pujut,   16. Pahang,   17. Krulut,
18. Merakih, 19. Tambir, 20. Medangkungan, 21. Matal,
22. Uye, 23. Menail, 24. Prangbakat, 25. Bala, 26. Ugu,
27. Wayang, 28. Kelawu, 29. Dukut und 30. Watugunung.

Jeweils 5 Wochen werden zu einem Monat zusammengefasst, d.h. es gibt insgesamt sechs Monate und ein Monat in diesem Kalender hat 35 Tage (5×7 Tage). Die Monate haben keine Namen, sondern werden lediglich durchnummeriert.

Wo es kompliziert wird: Die vielen Zyklen

Das war auch schon der einfachere Teil des Pawukon-Kalenders. Ein weiterer Teil besteht aus den sogenannten *Wewarane* (Zyklen). Schauen wir uns den einfachsten dieser Zyklen an: den 3-er Zyklus *Tri Wara*. Er besteht aus drei Tagen, die sich immer wiederholen:

1. *Pasah*
2. *Beteng*
3. *Kajeng*

Das bedeutet, dass der erste Tag des Jahres „Pasah" heißt, der zweite „Beteng", der dritte „Kajeng", und dann geht es wieder von vorne los.

Insgesamt gibt es zehn Wewarane jeweils mit einem Zyklus von 1 bis 10. Die wichtigsten sind allerdings *Tri Wara, Panca Wara* und *Sapta Wara*.

Tri Wara (3-er Zyklus):
   Pasah, Beteng, Kajeng.

Panca Wara (5er-Zyklus):
 Paing, Pon, Wage, Kliwon, Umanis.

Sapta Wara (7er Zyklus):
 Redite, Soma, Anggara, Buda, Wraspati, Sukra, Saniscara.

Eigentlich ist mit dem Wewaran *Sapta Wara* in dem 210 Tage andauernden Jahr bereits jeder Tag eindeutig bestimmt. Trotzdem gehören die weiteren Wewarane zur Namensgebung der Tage dazu. So bilden sich die ersten 16 Tage beispielsweise wie folgt:

Tag 1 – *Sinta | Pasah | Paing | Redite (So.)*
Tag 2 – *Sinta | Beteng | Pon | Soma (Mo.)*
Tag 3 – *Sinta | Kajeng | Wage | Anggara (Di.)*
Tag 4 – *Sinta | Pasah | Kliwon | Buda (Mi.)*
Tag 5 – *Sinta | Beteng | Umanis | Wraspati (Do.)*
Tag 6 – *Sinta | Kajeng | Paing | Sukra (Fr.)*
Tag 7 – *Sinta | Pasah | Pon | Saniscara (Sa.)*
Tag 8 – *Landep | Beteng | Wage | Redite (So.)*
Tag 9 – *Landep | Kajeng | Kliwon | Soma (Mo.)*
Tag 10 – *Landep | Pasah | Umanis | Anggara (Di.)*
Tag 11 – *Landep | Beteng | Paing | Buda (Mi.)*
Tag 12 – *Landep | Kajeng | Pon | Wraspati (Do.)*
Tag 13 – *Landep | Pasah | Wage | Sukra (Fr.)*
Tag 14 – *Landep | Beteng | Kliwon | Saniscara (Sa.)*
Tag 15 – *Ukir | Kajeng | Umanis | Redite (So.)*
Tag 16 – *Ukir | Pasah | Paing | Soma (Mo.)*
...

Wie bestimmt man einen Feiertag?

Betrachten wir beispielhaft den Feiertag Galungan. Galungan findet einmal im Jahr am Tag *Buda Kliwon Wuku Dunggulan* statt. Die Wuku-Woche *Dunggulan* ist die 11te Woche. Der Tag *Buda* ist nach dem *Sapta Wara* der 4te Tag der Woche (Mittwoch). Bis zur 11. Woche sind es 10 volle Wochen, also $10 \times 7 = 70$ Tage und hinzu kommen noch 4 Tage der neuen Woche. Galungan ist somit der 74. Tag des Jahres.

Den Namenszusatz *Kliwon* kommt aus dem 5er-Zyklus *Panca Wara*. 74 lässt sich 14-mal durch 5 teilen und es bleibt ein Rest von 4 Tagen. Der 4te Tag im Wewaran Panca Wara ist *Kliwon*.

6.2 SAKA-KALENDER

Neben dem 210-tägigen Pawukon-Kalender gibt es auf Bali noch einen zweiten wichtigen Kalender: den *Saka-Kalender*. Dieser Kalender stammt ursprünglich aus Südindien und kam im 14. Jahrhundert mit dem Majapahit-Königreich nach Bali. Anders als der Pawukon-Kalender, der in einem festen Rhythmus von 210 Tagen verläuft, orientiert sich der Saka-Kalender am Mond.

Ein Saka-Jahr hat – ähnlich wie unser gregorianischer Kalender – 365 oder 366 Tage. Sein Zählbeginn liegt allerdings bei 78 n. Chr., das bedeutet, dass das Jahr 2025 im Saka-Kalender als Jahr 1946 geführt wird. Der Saka-Kalender hat zwölf Monate, die jeweils 30 Tage lang sind:

1. **Kasa**, 2. **Karo**, 3. **Ketiga**, 4. **Kapat**,
5. **Kelima**, 6. **Kenem**, 7. **Kepitu**, 8. **Kaulu**,
9. **Kesanga**, 10. **Kedasa**, 11. **Jiyestha** und 12. **Sadha**.

Soweit klingt alles noch recht überschaubar – aber jetzt wird es etwas komplizierter.

Notwendige Anpassungen

- Ein Jahr mit 12 Monaten à 30 Tage ergibt nur 360 Tage – also fünf oder sechs Tage zu wenig.
- Ein Mondzyklus (von Vollmond zu Vollmond) dauert nur etwa 29,5 Tage – also einen halben Tag weniger als die festen 30 Tage pro Monat im Saka-Kalender.

Ohne Korrekturen würde sich der Kalender Jahr für Jahr weiter von der tatsächlichen Mondphase entfernen. Deshalb hat der Saka-Kalender zwei spezielle Anpassungsmechanismen.

1. Der „Doppeltag" (*Ngunalatri*)

Alle 63 Tage gibt es einen besonderen Tag, an dem zwei Mondtage auf einen einzigen Tag fallen. Ein Beispiel dafür war der 19. November 2019, der im Saka-Kalender sowohl als der 7. als auch der 8. Kelima 1941 gezählt wurde. Rein rechnerisch hat so ein Monat somit nur 29 Tage. Durch diese „Doppeltage" passt sich der Kalender an den tatsächlichen Mondzyklus an, sodass die Vollmonde weiterhin zum richtigen Zeitpunkt stattfinden.

2. Der Schaltmonat

Mit diesem Rechentrick ist der Saka-Kalender zwar an die Mondphasen angepasst, ein Jahr hätte aber jetzt sogar noch weniger Tage (354 oder 355). Damit der Saka-Kalender dem Erdenjahr nicht vorne wegläuft, wird alle 3-4 Jahre ein Schaltmonat eingefügt. Dabei gibt es zwei Möglichkeiten:

- Ist es kein Schaltjahr, wird der extra Monat nach dem letzten Monat *Sadha* eingefügt und heißt *Mala Sadha*.
- Ist es ein Schaltjahr, wird der zusätzliche Monat nach dem elften Monat *Jiyestha* eingefügt und heißt *Mala Jiyestha*.

Diese Regelung sorgt dafür, dass der Neumond des siebten Monats (Kepitu) immer in den Januar fällt.

Wann ist Neujahr? (Nyepi)

Das balinesische Neujahr (*Nyepi*) beginnt im Übrigen nicht wie man denken könnte mit dem ersten Monat Kasa sondern mit dem zehnten Monat Kedasa. Da Nyepi entweder 60 oder 61 Tage nach Neumond im Monat Kepitu (Januar) ist, fällt Nyepi fast ausnahmslos in den März.

Wie die Balinesen den Überblick behalten

Auch die meisten Balinesen mühen sich nicht mit diesem komplizierten Berechnungssystem ab, so dass quasi in jedem Haushalt der typische etwa 50 cm lange und 30 cm Breite balinesische Wandkalender hängt, in dem alle benötigten Informationen eingetragen sind.

7 HEILIGE TAGE UND ZEREMONIEN

Manchmal scheint es, als gäbe es auf Bali jeden Tag eine Zeremonie. Überall sieht man festlich gekleidete Menschen, kunstvolle Opfergaben und farbenfrohe Prozessionen. Doch so zahlreich die Zeremonien auch erscheinen, sie lassen sich gut in drei Hauptkategorien einteilen:

1. **Offizielle Feiertage**: Diese gelten für alle balinesischen Hindus und sind im Kalender auch als Feiertage markiert. Hierzu zählen beispielsweise Nyepi, Galungan und Saraswati.

2. **Persönliche Zeremonien:** Neben den offiziellen Feiertagen gibt es eine Vielzahl von persönlichen Zeremonien, die mit wichtigen Lebensabschnitten verbunden sind. Dazu gehören beispielsweise 3- und 6-Monatszeremonien, Hochzeiten, Zahnfeilung- und Verbrennungszeremonien.

3. **Tempelzeremonien und Jahrestage:** Und als letzte Gruppe von Zeremonien gibt es spezielle Zeremonien in öffentlichen Tempeln. Das sind insbesondere Jahrestagzeremonien. Alle 5, 10 oder gar 100 Jahre finden hier entsprechend größere Zeremonien statt.

Egal, ob es sich um einen großen Feiertag, eine private Familienzeremonie oder ein seltenes Tempelfest handelt – die balinesischen Zeremonien sind tief in der Kultur verwurzelt und machen das spirituelle Leben der Insel einzigartig.

7.1 Offizielle Feiertage

Die allgemeinen Feiertage auf Bali sind besondere Tage für alle Balinesen und richten sich nach dem balinesischen Kalender. Die wichtigsten Feiertage sind *Galungan* und *Kuningan*, die in ihrer Bedeutung ein wenig mit Weihnachten im christlichen Kulturkreis vergleichbar sind.

7.1.1 *Galungan und Kuningan*

Wie bereits erwähnt, fällt Galungan auf einen Mittwoch, genau am Tag *Buda Kliwon Wuku Dunggulan*. Doch obwohl der eigentliche Feiertag nur an einem Tag ist, sind die Galunganfeierlichkeiten mehr ein Zeitintervall und erstrecken sich über mehrere Tage.

Vorbereitungszeit auf Galungan

Der erste Tag dieser Feierlichkeit ist bereits 25 Tage vor Galungan und heißt *Tumpek Wariga*. An diesem Tag wird Hyang Widhi in Manifestation als Schöpfer und Beschützer aller Pflanzen und Bäume geehrt, damit diese an Galungan reichlich Früchte liefern.

6 Tage und 5 Tag vor Galungan folgen *Sugihan Jawa* und *Sugihan Bali*. An diesen Tagen werden zur Vorbereitung auf Galungan Reinigungszeremonien insbesondere im Haus und im Familientempel und eine Reinigung von Körper und Geist durchgeführt.

Die drei Tage vor Galungan *Penyekeban*, *Penyajaan* und *Penampahan* dienen zur Vorbereitung auf Galungan. An diesen Tagen werden Früchte, Küchlein und eventuell Tieropfergaben wie ein Schwein vorbereitet und die Opfergestecke für Galungan hergestellt. Ebenso wird eine lange Bambusstange mit

Opfergaben, *Penjor* genannt, vor dem eigenen Haus aufgestellt, um die Dankbarkeit für den von Hyang Widhi erhaltenen Wohlstand auszudrücken.

Der Galungan-Tag

An Galungan selbst werden Opfergaben im Familientempel und anderen öffentlichen Tempeln dargelegt, um an den Sieg des *Dharma* (Sittenhafte Lehre, Religion, Moral, Ethik) gegenüber dem *Adharma* (Gegenrichtung zu Dharma) zu erinnern. An Galungan versuchen alle Balinesen nach Hause zu kommen und im Familientempel und den öffentlichen Dorftempeln zu beten. An Galungan ist das Verkehrsaufkommen entsprechend hoch und überall finden permanent Zeremonien statt. Alles ist bunt geschmückt, die Balinesen tragen ihre beste Zeremoniekleidung und haben meist viele Opfergaben mit sich. Es ist auch tatsächlich so, dass aufgrund der hohen Nachfrage die Preise für Opferfrüchte wie z.B. Bananen und Äpfel kurz vor Galungan deutlich ansteigen.

Wie bereits erwähnt ist Galungan alle 210 Tage, die nächsten Termine sind:

- **2025:** 23. April, 19. November
- **2026:** 17. Juni
- **2027:** 13. Januar, 11. August
- **2028:** 8. März, 4. Oktober
- **2029:** 2. Mai, 28. November
- **2030:** 26. Juni
- **2031:** 22. Januar, 20. August
- **2032:** 17. März, 13. Oktober
- **2033:** 11. Mai, 7 Dezember
- **2034:** 5 Juli
- **2035:** 31. Januar, 29. August

Der Tag nach Galungan (*Umanis Galungan*) ist ein Erholungstag und wird insbesondere zum Besuch von entfernteren Verwandten genutzt.

Kuningan – der Abschluss der Feierlichkeiten

Zehn Tage nach Galungan, an einem Samstag (*Saniscara Kliwon Wuku Kuningan*), wird *Kuningan* gefeiert. An diesem Tag enden die Galungan-Feierlichkeiten mit zahlreichen Zeremonien in Tempeln und Familienheiligtümern. Bis Mittag 12 Uhr bitten die Gläubigen *Hyang Widhi* um Gesundheit, Wohlstand und Harmonie für die gesamte Welt.

Die folgende Übersicht zeigt den zeitlichen Ablauf der Galungan- und Kuningan-Festlichkeiten. Die Zahl vor jedem Ritual steht dabei für die Anzahl der Tage vor (–) oder nach (+) dem zentralen Feiertag Galungan:

Tag: Name des Rituals – Beschreibung
−25: *Tumpek Wariga* – Ehrung der Pflanzen
−6: *Sugihan Jawa* – Reinigung
−5: *Sugihan Bali* – Reinigung
−3: *Penyekeban* – Früchte vorbereiten
−2: *Penyajaan* – Zubereitung von Küchlein
−1: *Penampahan* – Opfergaben, Penjor
0: **Galungan** – Sieg von Dharma über Adharma
+1: *Umanis Galungan* – Besuch von Verwandten
+3: *Pemaridan Guru*
+4: *Ulihan*
+5: *Pemacekan Agung*
+10: *Kuningan* – Abschluss

7.1.2 NYEPI

Für mich ist *Nyepi* einer der schönsten Feiertage im Jahr. An diesem Tag steht in Bali quasi die Zeit still. In den meisten Dörfern wird der Strom währenddessen abgeschaltet, der Straßenverkehr und der Flugverkehr sind eingestellt, kein Fußgänger ist auf den Straßen, die Geschäfte sind geschlossen und kein Lärm ist zu hören. Es ist einfach ein Tag der Stille.

Nyepi ist das balinesische neue Jahr nach dem Saka-Kalender und findet im März statt. Auch wenn Nyepi selbst nur an einem Tag ist, gibt es auch hier ein zugehöriges Programm, das sich über mehrere Tage erstreckt.

1. *Melasti:* Drei Tage vor Nyepi wird zunächst die Zeremonie Melasti durchgeführt. Dabei werden drei heilige Gegenstände (*Arca, Pratima, Pralingga*) aus dem Dorftempel in einer Prozession zur nächstgelegenen Wasserstelle (Meer, See oder Fluss) gebracht und gereinigt. Ziel der Zeremonie ist es die Welt von Sünden

und schlechtem Karma zu reinigen, um so das neue Jahr unbelastet zu beginnen.

2. *Bhuta Yadnya*: Am Tag vor Nyepi wird die Zeremonie Bhuta Yadnya abgehalten. In Verbindung mit Nyepi heißt diese Zeremonie auch *Tawur* oder *Mecaru*. Es ist eine Art Reinigungszeremonie, die an jedem Ort durchgeführt wird, an dem sich häufig Menschen aufhalten. Durch Opfergaben (*Caru*) soll insbesondere auch am eigenen Grundstück negative Energie neutralisiert werden. Caru bedeutet so viel wie Bezahlung. Es wird sich damit sozusagen eine Reinigung erkauft.

3. *Pengrupkan:* Der Zeremonie Bhuta Yadnya folgt die Zeremonie Pengrupkan. Das Ziel dieser Zeremonie ist es negative Energie und böse Geister zu vertreiben, damit sie das tägliche Leben im neuen Jahr nicht stören. Dabei wird so viel Krach wie möglich gemacht. Dies geschieht durch Schlagen auf dicke hohle Bambusstücke und das Anzünden meist selbstgebastelter, auf Spiritus basierender Feuerwerksböller. Zudem werden die Geister mit Feuer vertrieben, in dem z.B. mit einer Fackel möglichst jeder noch so dunkle Winkel aufgesucht wird. Den Höhepunkt bildet in vielen Dörfern die Umzugsparade mit Ogoh-Ogohs. Das sind etwa 3-5 Meter hohe absichtlich hässlich gestaltete Pappkameraden ähnlich wie in Deutschland an Fasching.

Die Ogoh-Ogohs symbolisieren böse Geister, die vertrieben werden sollen. Sie werden an der Hauptstraße entlang jeweils von etwa 20 Männern auf Bambusstangen getragen. Der Umzug wird von lauter Musik, traditionellem Gamelan und/oder mystischem Sprechgesang begleitet. Die Zahl der Ogoh-Ogohs pro Dorf liegt meist zwischen 10 und 25. Jede Gruppe ist stolz auf ihre Figur, deren Bau oft schon Wochen vor Nyepi beginnt. Gegen Ende des Umzugs werden die Figuren traditionell verbrannt. Wer an diesem Tag irgendwelche Touren durchführen möchte, sollte zusätzliche Zeit einplanen, da die Straßen durch die Umzüge schwer passierbar sind. Gegen Abend finden überall am Straßenrand bis in die frühen Morgenstunden laute Partys statt, bei denen reichlich Arak (Palmenschnaps) getrunken wird.

4. *Nyepi*: Von 6 Uhr morgens bis 6 Uhr am Folgetag sind die Balinesen angehalten, ihre Aktivitäten auf ein Minimum

zu reduzieren. Der Strom ist vielerorts abgestellt, der Verkehr auf den Straßen und am Flughafen ist eingestellt, und alle Geschäfte sind geschlossen. Der Tag sollte am besten dazu genutzt werden, um zu meditieren, zu fasten und zu beten. Um die zuvor vertriebenen bösen Geister nicht wieder anzulocken, gilt es die folgende vier Regeln (*Catur Brata Penyepian*) einzuhalten:

    a. *Amati Geni*: Kein Feuer oder Licht machen. Es soll auch nicht gekocht werden.

    b. *Amati Karya*: Nicht Arbeiten.

    c. *Amati Lalanguan*: Leise sein. Keine Partys, nicht herumtoben, keine Glücksspiele, usw.

    d. *Amati Lelungan*: Nicht weggehen und zu Hause bleiben.

5. *Ngembak Geni*: Der Tag nach Nyepi heißt Ngembak Geni. Es ist der Tag, um die Familie und Verwandte zu besuchen und sich gegenseitig um Vergebung zu bitten. Da viele Balinesen an diesem Tag mit dem Auto oder Roller unterwegs sind, ist mit starkem Verkehrsaufkommen zu rechnen.

Die nächsten Jahre findet Nyepi an folgenden Tagen statt:

- **2026:** 19. März
- **2027:** 08. März
- **2028:** 26. März
- **2029:** 15. März
- **2030:** 05. März
- **2031:** 24. März
- **2032:** 12. März
- **2033:** 31. März
- **2034:** 20. März

7.1.3 SARASWATI

Saraswati ist ein bedeutender Feiertag im balinesischen Hinduismus und findet einmal jährlich nach dem Pawukon-Kalender statt, also alle 210 Tage. Er fällt stets auf einen Samstag, den Tag *Saniscara Umanis Wuku Watugunung*.

Dieser Feiertag ist der gleichnamigen Göttin der Weisheit und Wissenschaft *Saraswati* (siehe Abschnitt 3.3.1) gewidmet. An diesem Tag werden Bücher zu Hause besonders ordentlich aufbewahrt und durch Opfergaben und Gebete geehrt. Die Gläubigen danken der Göttin für das erhaltene Wissen und bitten um weitere Weisheit. Wissen gilt im Hinduismus als eine der mächtigsten Waffen – mit ihm können Ignoranz, Armut und Elend besiegt werden.

Die Zeremonie für Saraswati wird morgens abgehalten, da die Göttin zur Mittagszeit in den Himmel zurückkehrt. Am darauffolgenden Tag wird *Banyupinaruh* gefeiert, ein Reinigungstag: Die Gläubigen baden im Meer, in Flüssen oder mit Blütenwasser. Diese rituelle Reinigung soll Körper, Geist und Gedanken klären, um den Geist für wahres Wissen zu öffnen. Die nächsten Saraswati-Termine sind:

- **2025:** 06. September
- **2026:** 04. April, 31. Oktober
- **2027:** 29. Mai, 25. Dezember
- **2028:** 22. Juli
- **2029:** 17. Februar, 15. September
- **2030:** 13. April, 09. November
- **2031:** 07. Juni
- **2032:** 03. Januar, 31. Juli
- **2033:** 26. Februar, 24. September
- **2034:** 22. April, 18. November
- **2035:** 16. Juni

7.1.4 PAGERWESI

Pagerwesi folgt vier Tage nach Saraswati jeweils mittwochs am *Tag Buda Kliwon Wuku Sinta* nach dem Pawukon-Kalender. An diesem Tag verehren die Gläubigen Gott in der Gestalt von *Sang Hyang Pramesti Guru*, dem „Lehrer des Universums". Pagerwesi bedeutet übersetzt so viel wie „eiserner Zaun", und soll symbolisch das Gottesgeschenk des Wissens beschützen, so dass dieses Wissen uns auf den richtigen Weg führt und uns im alltäglichen Leben anleitet. Zu Pagerwesi werden Opfergaben sowohl im Haus- und Familientempel als auch in öffentlichen Tempeln dargebracht. Die nächsten Termine sind:

- **2025:** 10. September
- **2026:** 08. April, 04. November
- **2027:** 02. Juni, 29. Dezember
- **2028:** 26. Juli
- **2029:** 21. Februar, 19. September
- **2030:** 17. April, 13. November
- **2031:** 11. Juni
- **2032:** 07. Januar, 04. August
- **2033:** 02. März, 28. September
- **2034:** 26. April, 22. November
- **2035:** 20. Juni

7.1.5 SIWALATRI

Siwalatri oder auch *Siwa Ratri* bedeutet die Nacht Shivas und ist im Januar einen Tag vor Neumond. In dieser Nacht wird Shiva angebetet und über die eigenen Sünden reflektiert mit dem Ziel durch Weisheit den rechten Weg einzuschlagen und inneren Frieden zu erlangen. Idealerweise sollten für diesen Prozess folgenden Regeln (*Tata Brata*) eingehalten werden:

1. *Jogra*: Die ganze Nacht wach bleiben.
2. *Mona*: Nicht sprechen.
3. *Upawasa*: Fasten.

Je nach individueller Verfassung oder Fähigkeit können aber auch nur eine oder zwei dieser Regeln angewandt werden. In der Praxis trifft sich häufig gegen 23:00 Uhr eine kleine Gruppe von Gläubigen im Dorftempel von Shiva (*Pura Dalem*), um für etwa eine Stunde zu beten und zu meditieren. Das vollständige *Tata-Brata*-Ritual wird jedoch nur von wenigen konsequent durchgeführt. Die nächsten Termine für Siwalatri sind:

- **2026:** 17. Januar
- **2027:** 06. Januar
- **2028:** 25. Januar
- **2029:** 13. Januar
- **2030:** 03. Januar
- **2031:** 22. Januar
- **2032:** 11. Januar
- **2033:** 29. Januar
- **2034:** 18. Januar
- **2035:** 08. Januar

7.1.6 VOLLMOND UND NEUMOND

Der Mond hat einen bedeutenden Einfluss auf das Leben auf der Erde. Er steuert die Gezeiten und beeinflusst den Wind und das Wetter. Bei den Balinesen hat er nicht nur Einfluss auf den Kalender, sondern besitzt auch eine große religiöse Bedeutung. Alle 30 Tage an Vollmond und an Neumond wird dies im Familientempel und/oder in anderen öffentlichen Tempeln entsprechend zelebriert. Während des Vollmonds (*Purnama*) werden Opfergaben zu Ehren von *Hyang Widhi* in der Gestalt von *Dewi Ratih* (der Mondgöttin) dargebracht. Am Neumond (*Tilem*) hingegen steht *Dewa Shiva* im Mittelpunkt der Verehrung.

7.1.7 ZEREMONIENKALENDER

Die folgenden Tabellen bieten eine Übersicht der wichtigsten balinesischen Feiertage in den kommenden Jahren. Zur besseren Übersicht wurden die regelmäßig wiederkehrenden Vollmond- und Neumond-Zeremonien nicht mit aufgeführt.

2025		2026	
23.04.	Galungan	17.01.	Siwalatri
03.05.	Kuningan	19.03	Nyepi
06.09.	Saraswati	04.04.	Saraswati
10.09.	Pagerwesi	08.04.	Pagerwesi
19.11.	Galungan	17.06.	Galungan
29.11.	Kuningan	27.06.	Kuningan
		31.10.	Saraswati
		04.11.	Pagerwesi

2027		2028	
06.01.	Siwalatri	25.01.	Siwalatri
13.01.	Galungan	08.03.	Galungan
23.01.	Kuningan	18.03.	Kuningan
08.03.	Nyepi	26.03.	Nyepi
29.05.	Saraswati	22.07.	Saraswati
02.06.	Pagerwesi	26.07.	Pagerwesi
11.08.	Galungan	04.10.	Galungan
21.08.	Kuningan	14.10.	Kuningan
25.12.	Saraswati		
29.12.	Pagerwesi		

2029		2030	
13.01.	Siwalatri	03.01.	Siwalatri
17.02.	Saraswati	05.03.	Nyepi
21.02.	Pagerwesi	13.04.	Saraswati
15.03.	Nyepi	17.04.	Pagerwesi
02.05.	Galungan	26.06.	Galungan
12.05.	Kuningan	06.07.	Kuningan
15.09.	Saraswati	09.11.	Saraswati
19.09.	Pagerwesi	13.11.	Pagerwesi
28.11.	Galungan		
08.12.	Kuningan		

2031		2032	
22.01.	Siwalatri	03.01.	Saraswati
22.01.	Galungan	07.01.	Pagerwesi
01.02.	Kuningan	11.01.	Siwalatri
24.03.	Nyepi	12.03.	Nyepi
07.06.	Saraswati	17.03.	Galungan
11.06.	Pagerwesi	27.03.	Kuningan
20.08.	Galungan	31.07.	Saraswati
30.08.	Kuningan	04.08.	Pagerwesi
		13.10.	Galungan
		23.10.	Kuningan

2033		2034	
29.01.	Siwalatri	18.01.	Siwalatri
26.02.	Saraswati	20.03.	Nyepi
02.03.	Pagerwesi	22.04.	Saraswati
31.03.	Nyepi	26.04.	Pagerwesi
11.05.	Galungan	05.07.	Galungan
21.05.	Kuningan	15.07.	Kuningan
24.09.	Saraswati	18.11.	Saraswati
28.09.	Pagerwesi	22.11.	Pagerwesi
07.12.	Galungan		
17.12.	Kuningan		

7.2 Zeremonien des Lebens

Kaum ein Ereignis im Leben eines Balinesen bleibt ohne eine begleitende Zeremonie. Die folgenden Abschnitte stellen die wichtigsten Rituale vor, soweit möglich in der Reihenfolge der jeweiligen Lebensstationen. Der Ablauf der Zeremonien und die benötigten Opfergaben für die Rituale folgen festen Regeln, die sich aber von Dorf zu Dorf deutlich unterscheiden können. Ihre grundlegende Bedeutung bleibt jedoch stets dieselbe. Im Folgenden beschreibe ich den allgemeinen Ablauf, wie er im Norden Balis, insbesondere im Dorf Tejakula, üblich ist.

7.2.1 Plazenta

Die erste kleine Zeremonie findet unmittelbar nach der Geburt statt und widmet sich der Plazenta. Da sie neun Monate lang eng mit dem Baby verbunden war und es versorgt hat, wird sie als Teil des Kindes angesehen. Wenige Minuten nach der Geburt des Babys folgt die Nachgeburt der Plazenta, die ihre Aufgabe erfüllt hat und gewissermaßen „verstorben" ist. Die Plazenta wird nach der Geburt gewaschen und in einer kleinen Zeremonie begraben. Dabei wird auf einem Stück Papier der Name des Babys, Wünsche für das Baby, wie z.B. Gesundheit, Glück usw. geschrieben und symbolisch ein bisschen Geld beigelegt. An dieser Stelle wird jeden Tag eine kleine Opfergabe dargebracht. Wie lange diese Tradition fortgeführt wird, entscheidet jede Familie individuell – in manchen Fällen reicht sie sogar bis zur Pubertät des Kindes.

7.2.2 Nabelschnur

In den ersten Tagen nach der Geburt eines Babys erhält die Familie viel Besuch, jedoch meist nur von engen Verwandten.

Solange die verbleibende Nabelschnur des Babys noch nicht abgefallen ist, gilt es als unrein. Bekannte und Freunde warten diesen Zeitraum in der Regel ab. Dies ist auch gesellschaftlich sinnvoll, da die ersten Tage mit einem neuen Baby herausfordernd genug sind und durch die engeren Verwandten bereits genügend Besuch vor Ort ist. So verteilt sich der Besucherandrang, und die Eltern werden nicht direkt in den ersten Tagen überfordert. Die Nabelschnur fällt normalerweise nach ein bis zwei Wochen ab. Sobald diese geschieht, wird eine Zeremonie durchgeführt. Die Opfergaben hierfür sind bereits deutlich umfangreicher als für die Zeremonie der Plazenta. Die Zeremonie wird von einem Priester oder einer Priesterin durchgeführt, die auf Zeremonien für Babys und Kleinkinder spezialisiert ist.

7.2.3 12-TAGE

Nachdem ein Baby zwölf Tage geworden ist, wird die Zeremonie *Ngelepas Hawon* durchgeführt. Diese Zeremonie erfolgt zu Hause und dient der rituellen Reinigung von Mutter und Kind. Da die Geburt mit Blut verbunden war, gelten Mutter und Kind noch als unrein. Bis zur Durchführung dieser Zeremonie ist es der Mutter nicht erlaubt, heilige Stätten wie den Haus- oder Familientempel zu betreten.

7.2.4 42-TAGE

Nach 42 Tagen folgt eine weitere Reinigungszeremonie, die *Kambuhan*-Zeremonie. Das Ziel dieser Zeremonie ist es, die Mutter wie auch das Baby innerlich zu reinigen und das Baby von allen negativen Einflüssen (*Mala*) zu befreien.

7.2.5 3-Monatszeremonie

Die 3-Monatszeremonie (*Nyambutin*) ist eine sehr bedeutende Zeremonie. Da es sich hier um Monate des Pawukon-Kalenders handelt, fällt diese Zeremonie genau auf den 105. Tag nach der Geburt (35 Tage × 3). Auch wenn ein Baby ganz weiche frische Haut hat und im Grunde sauber ist, gilt es bis zur 3-Monatszeremonie im religiösen Sinne als unrein und darf heilige Plätze nicht betreten. Es hat den Prozess der Geburt vollzogen, wurde durch die Plazenta ernährt und war mit Blut und Fruchtwasser in Kontakt. Die Nyambutin-Zeremonie dient dazu, das Baby hiervon zu reinigen. Die Zeremonie wird im eigenen Haus durchgeführt und ist die größte und aufwendigste Zeremonie im Kindesalter. Für diese Zeremonie werden entsprechend viele Opfergaben benötigt und beinhaltet auch das Opfer eines oder gleich mehrerer Schweine. Während der Zeremonie wird das Baby gebadet und mit neuer Kleidung versehen – ein symbolischer Akt der äußeren und inneren Reinigung. Nach der Zeremonie darf es in Tempel oder zu anderen heiligen Orten mitgenommen werden.

7.2.6 6-Monatszeremonie

Während wir normalerweise nach dem gregorianischen Kalender jedes Jahr unseren Geburtstag feiern, ist nach dem Pawukon-Kalender der Geburtstag alle 210 Tage, d.h. nach 6 Monaten mit jeweils 35 Tagen pro Monat. Dieser Jahrestag heißt *Otonan*. Am ersten Jahrestag (*Satu Oton*) wird dieser mit der 6-Monatszeremonie zelebriert. Diese Zeremonie soll die Fehler und Verfehlungen aus vorherigen Leben neutralisieren, um das Karma des Kindes zu reinigen und sein jetziges Leben nicht negativ zu beeinflussen. Bei dieser Zeremonie bekommt das Baby eine Glatze geschnitten. Das Abschneiden der Haare symbolisiert das Entfernen und Ablegen der Fehler aus den vorherigen Leben. Wenn man in Bali ein Baby ohne oder mit sehr kurzen Haaren sieht, lässt sich daraus recht gut dessen Alter bestimmen. Die 6-Monatszeremonie wird ebenfalls zu Hause durchgeführt und fällt in der Regel nicht so aufwändig aus. Die 3-Monatszeremonie ist deutlich bedeutender.

7.2.7 ZAHNFEILUNG

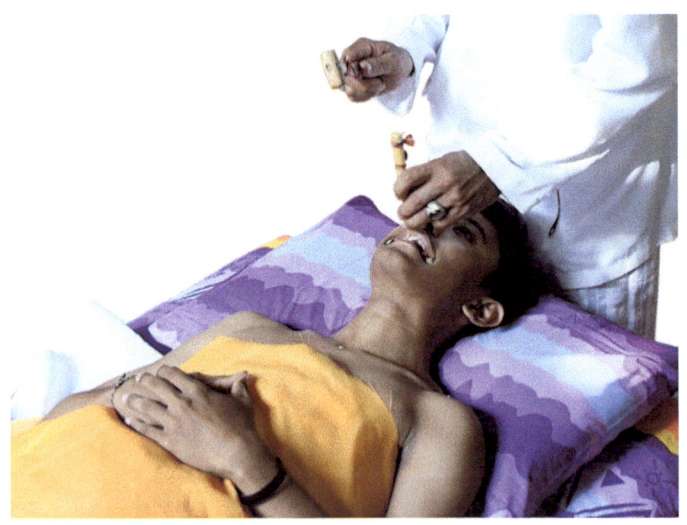

Nicht wenige Touristen müssen erstmal Schlucken oder bekommen Gänsehaut, wenn sie das erste Mal von der balinesischen Zahnfeilungszeremonie (*potong gigi*) hören. Und doch ist die Neugier betreffs dieser Zeremonie besonders groß. Ich selbst habe diese Zeremonie im Zuge meiner balinesischen Hochzeitszeremonie bei mir durchführen lassen und war zu Anfang mehr als skeptisch. Ich habe sogar meinen Zahnarzt in Deutschland gefragt, ob er nicht Lust hat mich nach Bali zu begleiten, damit ich ein bisschen abgesichert bin. Der Zahnarzt war leicht irritiert, meinte dann aber auch recht trocken, dass die Zahnfeilung wahrscheinlich mehr symbolisch durchgeführt und nicht so viel weggefeilt wird und falls doch wartet in Deutschland ja ein guter Zahnarzt auf mich. Zumindest hatte mein Zahnarzt Humor. So musste ich dann ohne Zahnarzt die Zeremonie über mich ergehen lassen und so wild war es zumindest bei mir dann wirklich nicht.

Der Zeitpunkt einer Zahnfeilungszeremonie ist bei Mädchen frühestens nach dem Eintritt der Menstruation und bei Jungs nach dem Stimmbruch. Die Zeremonie benötigt viele Opfergaben, ist etwas aufwändiger und damit auch nicht ganz billig. Aus diesem Grund wird die Zahnfeilung in Gruppen und/oder mit einer anderen Begräbnis- oder Hochzeitszeremonie kombiniert. Für die Durchführung der Zeremonie sind die Eltern verantwortlich und sie ist quasi auch die Überleitung ins Erwachsenwerden. Die Zahnfeilung ist eine Reinigungszeremonie, um Gott und seinen Ahnengeistern näher zu kommen. Bei der Zeremonie werden von einem Priester die sechs oberen Schneide- und Eckzähne abgefeilt und soll ermöglichen die sechs Feinde (*Sad Ripu*) des Menschen zügeln zu können:

1. Wollust (*Kama*),
2. Gier (*Lobha*),
3. Wut (*Krodha*),
4. Trunkenheit (*Mada*),
5. Verwirrung, Hochmut (*Moha*) und
6. Neid (*Matsarya*).

Diese „sechs Feinde" sind in einer Ehe verständlicherweise unerwünscht, weswegen die Zahnfeilungszeremonie vor der Hochzeit stattfinden sollte. Während der

Zahnfeilungszeremonie sind die Betroffenen traditionell mit einem weißen Tuch und einer gelben Schärpe bekleidet.

7.2.8 HOCHZEIT

In Bali haben die Familie und eigene Nachkommen einen hohen Stellenwert. Dementsprechend ist es auch üblich, dass so gut wie jeder früher oder später heiratet. Meist findet eine Hochzeit bereits vor Vollendung des 30. Lebensjahr statt. Ein nicht seltener Grund für eine Hochzeit ist im Übrigen, dass die Frau bereits schwanger ist.

Eine Hochzeitsfeier in Bali erfordert sehr viel Vorbereitung, dauert recht lange und kostete viel Geld. Selbst eine einfache Hochzeit ist kaum für weniger als 2000€ auszurichten. Eine etwas luxuriösere Variante kostet schnell 3000€-5000€. Die erste Schwierigkeit für die Planung einer Hochzeit ist bereits das Finden eines Hochzeitstages. Es darf nicht irgendein Datum dafür ausgewählt werden, sondern es wird ein kalendarisch besonders geeigneter Tag gesucht. Dies kann durchaus größere Planungsschwierigkeiten mit sich bringen, insbesondere wenn ein Teil der Hochzeitsgäste im Ausland lebt. Bei meiner eigenen balinesischen Hochzeitzeremonie beispielsweise konnte mir ein geeigneter Tag erst 3-4 Monate vorher mitgeteilt werden, während meine Mutter mich schon mehr als ein halbes Jahr zuvor begonnen hat zu fragen, wann sie jetzt Urlaub einplanen und das Flugticket kaufen könne. Und selbst wenn der Tag feststeht, kann nicht garantiert werden, dass dieser auch eingehalten werden kann. Ein Todesfall in der Familie beispielsweise würde eine Verschiebung der Hochzeit notwendig machen. Bei einer durchschnittlichen Familiengröße von 70 bis 100 Mitgliedern kann dies durchaus auch vorkommen. Glücklicherweise lief bei mir in dieser Hinsicht alles glatt.

Einige Tage vor der Hochzeit beginnt die ganze Familie, Freunde und Nachbarn mit der Vorbereitung. Die Opfergaben werden hergestellt und die Örtlichkeiten geschmückt. Eine klassische balinesische Hochzeit dauert drei Tage. Am ersten Tag finden die eigentlichen Zeremonien statt, während an den beiden folgenden Tagen das Brautpaar Gäste empfängt, die ihre Glückwünsche überbringen. Besonders der erste Tag ist für das Paar körperlich und mental sehr anstrengend. Die Zeremonien erstrecken sich über viele Stunden und finden an verschiedenen Orten statt. Meist ist es sehr heiß und das Brautpaar trägt eine traditionelle recht eng sitzende Hochzeitstracht – alleine das Ankleiden und Schminken dauert über eine Stunde.

Die Ehe in Bali folgt einem patrilinearen System: Die Frau verlässt ihre eigene Familie und wird in die Familie des

Bräutigams aufgenommen. Aus diesem Grund beginnt die Hochzeit mit einem symbolischen „Abholen" der Braut. Früher wurde dies als inszenierte Entführung gestaltet, heute handelt es sich um eine formelle Zusammenkunft, bei der sich die engsten Angehörigen beider Familien im Kreis versammeln. Es werden Reden gehalten, in denen Eltern und Onkel ihre Erfahrungen teilen und Ratschläge für die Ehe geben. Anschließend folgt eine Zeremonie im Familientempel der Braut, in der um ihre Entlassung aus der Zugehörigkeit dieses Tempels gebeten wird. Nachdem das Brautpaar im Hause des Mannes angekommen ist, wird auch hier der Familientempel aufgesucht und Gott um die Aufnahme der Braut in den Familientempel erbeten. Neben diesen Ritualen wird auch in ein paar öffentlichen Tempeln des Dorfes gebetet und Opfergaben dargebracht, um dieser Ehe einen guten Start zu ermöglichen. Sind diese Zeremonien – die in meinem Fall etwa sechs Stunden gingen – zu Ende, ist das Brautpaar meist erschöpft und darf jetzt endlich etwas leichtere Kleidung anlegen.

Anschließend beginnt der gesellschaftliche Teil der Hochzeit. Freunde, Nachbarn und Verwandte kommen vorbei, um ihre Glückwünsche zu überbringen und kleine Geschenke zu überreichen. Die Aufgabe des Brautpaars besteht darin, jeden Gast persönlich zu begrüßen, während die Familie für die Bewirtung sorgt. Traditionell gruppieren sich Frauen und Männer getrennt. Heutzutage ist es üblich an einem der nächsten beiden Tagen einen Empfang abzuhalten und Gäste gezielt einzuladen. Dabei wird den Gästen ein üppiges Büffet serviert und ein entsprechendes Programm geboten. Das kann z.B. traditionelle Tänze, eine Band oder Karaoke beinhalten.

7.2.9 VERBRENNUNGSRITUAL

Stirbt ein Balinese ist damit nicht einfach sein Leben zu Ende. So ein Tod hat für die Familie, die Nachbarn und auch den Toten erhebliche Auswirkungen.

Die spirituelle Bedeutung

Nach balinesischem Glauben bleibt die Seele (*Atma*) auch nach dem Tod mit dem Körper verbunden. Die Balinesen glauben, dass die Seele so lange eine Wiedergeburt erfährt, bis sie von allen Sünden und weltlichen Anhaftungen befreit ist. Erst dann erreicht sie das Nirwana, eine Art der Wiedervereinigung mit dem Göttlichen. Um die Seele für ihren weiteren Weg aus dem Körper zu befreien ist eine aufwändige Verbrennungszeremonie nötig. Diese Zeremonie nennt sich *Ngaben*.

Die Rolle der Familie

Für die Familie bedeutet der Tod eines Angehörigen einiges an Arbeit und Vorbereitungen. Gesellschaftlich ist dieses Zusammenkommen auch ein Verarbeiten des Todes. Die ganze Familie lässt bei so einem Ereignis ihr alltägliches Leben ruhen, kommt zusammen und kümmert sich um die Verbrennungszeremonie. Selbst weiter entfernt lebende Angehörige versuchen nach Hause zu kommen, um bei der Zeremonie anwesend zu sein. Insbesondere gegenüber den Eltern fühlen sich die Balinesen hier in der Pflicht. Da kann es durchaus vorkommen, dass beispielsweise ein Sohn, der auf einem Kreuzfahrtschiff auf der anderen Seite der Erde arbeitet, sich für die Zeremonie auf den Heimweg macht.

Es wird versucht die *Ngaben*-Zeremonie möglichst zeitnahe nach dem Tod durchzuführen, allerdings wird auch hierfür ein kalendarisch günstiger Termin benötigt. So kann es auch mal einige Tage dauern, bis die Zeremonie durchgeführt werden kann. Im Allgemeinen wird der Verstorbene bis zum Tage der Zeremonie zu Hause aufgebahrt und während dieser Zeit wortwörtlich „auf Eis gelegt", denn Kühlräume gibt es in den kleinen Dörfern meist keine. Bis zur Zeremonie kommen Nachbarn und Freunde zu Besuch, um ihre Solidarität zu zeigen, die Familie moralisch zu unterstützen und dem Verstorbenen die letzte Ehre zu erweisen. Zu solch einem Anlass tragen die Männer eine dunklere Kopfbedeckung (*Udeng*), einen dunkleren Sarong und ein dunkles Oberteil. Meist werden braune Farbtöne beim Sarong und Udeng benutzt und ein schwarzes oder dunkelblaues Shirt angezogen. Auch die Frauen tragen eher einen dunkleren Sarong und eine dunklere Bluse (*Kebaya*). Es ist üblich zu diesem Besuch Kaffee, Reis, Kekse und Zucker mitzubringen. Dies kann die Familie zur Bewirtung der Gäste gut gebrauchen. Dann sitzen Gäste und Familie bis in die frühen Morgenstunden zusammen. Frauen und Männer sind traditionell getrennt. Die Männer sitzen an einem Ort, unterhalten sich, trinken Palmschnaps (*Arak*), spielen Karten und singen eine Art Mantras (*Kidungs*) zu Ehren des Verstorbenen. Die Frauen halten sich von den Männern getrennt an einem anderen Ort auf und unterhalten sich ebenfalls. Diese Trennung ist allerdings nicht sehr strikt.

Da auch der Tod religiös als etwas Unreines angesehen wird, duschen sich die Balinesen nach einem Kondolenzbesuch und waschen die Kleidung.

Der Ablauf der Zeremonie

Am Tag der *Ngaben*-Zeremonie wird der Verstorbene gewaschen und in eine recht einfache Sargkonstruktion gebettet. Familie und Freunde marschieren mit dem im Sarg befindlichen Verstorbenen in einer Art Umzug zum Friedhof oder zum

Verbrennungsplatz. Dieser Marsch beträgt im Allgemeinen einige Kilometer und findet meist auch entlang der Hauptstraße statt. Der Verkehr wird dadurch erheblich beeinflusst, was die Trauergemeinde in der Regel nur wenig stört.

Da eine Verbrennungszeremonie aufgrund der benötigten Opfergaben und durchzuführenden Rituale doch recht kostspielig und aufwändig ist, wird der Verstorbene häufig nur auf dem Friedhof beerdigt. Eine symbolische Verbrennungszeremonie wird dann später mit mehreren Verstorbenen zusammen abgehalten. Wird die Verbrennung direkt durchgeführt, leitet ein hoher Priester (*Rsi*) die Zeremonie. Für die Verbrennung gibt es keine speziellen Krematorien, sondern meist wird aus großen Gasbrennern und Wellblech eine Art Ofen gebastelt. Es kann Stunden dauern, bis der Verstorbene so vollständig verbrannt ist. Die Asche wird im Anschluss im Meer verstreut.

Reinigung und Beileidsbekundungen

Nach einer Beerdigung oder Verbrennung gilt die Familie religiös gesehen immer noch als unrein, weswegen einige Tage später eine Reinigungszeremonie durchgeführt werden muss.

Als Beileidsbekundung hören oder lesen wir nicht selten den Ausspruch *„amor ring acintya".* Wörtlich übersetzt heißt dies „Eins werden mit dem, was nicht durch Gedanken vorstellbar ist" und soll eine Beendigung des Kreislaufs der Wiedergeburt und die Vereinigung mit dem Göttlich wünschen.

7.2.10 SONSTIGES

Neben den oben genannten Zeremonien gibt es zahlreiche weitere Anlässe, die eine rituelle Handlung erfordern. Beim Kauf eines Autos oder eines Rollers wird ebenso ein guter Tag ausgesucht und eine Zeremonie abgehalten wie beim Bau eines Hauses.

Auch unerwartete oder belastende Ereignisse wie Unfälle, Krankheiten oder andere negative Vorkommnisse – selbst wenn diese nur subjektiv als negativ empfunden werden – können eine Zeremonie notwendig machen. In solchen Fällen dient eine Reinigungszeremonie dazu, den negativen Einfluss zu neutralisieren und Harmonie wiederherzustellen.

Doch nicht nur schwierige Situationen, sondern auch positive Ereignisse werden rituell begleitet. Wenn jemand finanziellen Erfolg hat oder eine besonders reiche Ernte einfährt, ist es üblich, mit einer Zeremonie Dankbarkeit gegenüber den Göttern zu zeigen und das erhaltene Glück zu würdigen.

7.2.11 ZEITLICHE ÜBERSICHT

Die folgende Liste gibt eine zeitliche Übersicht zentraler Lebensstationen im balinesischen Hinduismus:

- **Direkt nach der Geburt**: *Kelahiran bayi*
- **Nach Abfallen der Nabelschnur**: *Kepus puser*
- **Nach 12 Tagen**: *Ngelepas Hawon*
- **Nach 42 Tagen**: *Kambuhan*
- **Nach 3 Monaten (105 Tage)**: *Nyambutin*
- **Nach 6 Monaten (210 Tage)**: *Satu oton*
- **Zahnfeilung**: *Mepandes*
- **Hochzeit**: *Pawiwahan*
- **Verbrennung (Beerdigung)**: *Ngaben*

7.3 TEMPELZEREMONIEN

An religiösen Feiertagen sowie zu besonderen Lebensereignissen werden in den Tempeln feierliche Zeremonien abgehalten. Auch bei der Errichtung oder Renovierung eines Tempels sind rituelle Zeremonien unerlässlich. Neben diesen Zeremonien werden für jeden Tempel auch seine entsprechenden Jahrestage zelebriert. Bei den Haus- und Familientempeln werden kleinere Opfergaben dargelegt und in den öffentlichen Tempeln werden entsprechende Zeremonien von Priestern durchgeführt. Alle 5 Jahre finden in den öffentlichen Tempeln deutlich größere Zeremonien statt und an den 10-jährigen Jahrestagen steigert sich das Ausmaß dieser Zeremonien noch einmal erheblich. Die 10-jährigen Jahrestage heißen *Panca Wali Krama*. Die 5- und 10-jährigen Zeremonien erstrecken sich über mehrere Tage. Die Tempel werden festlich geschmückt und es werden traditionelle Tänze wie *Baris*, *Barong* und *Wayang Wong* aufgeführt. Auch die dargelegten Opfergaben sind immens. Während Hühner- und

Schweineopfer Normalität sind, werden bei solchen Zeremonien durchaus auch Büffel geschlachtet und geopfert. In bedeutenden Tempeln wie dem Muttertempel *Pura Besakih* dauern die Feierlichkeiten anlässlich des zehnjährigen Jahrestags über einen Monat, um allen Gläubigen die Teilnahme zu ermöglichen. Im Muttertempel wird zudem auch alle 100 Jahre eine sehr große Zeremonie (*Eka Dasa Rudra*) gefeiert. Bei der letzten 100-Jahr-Feier, die am 28. März 1979 stattfand, wurden beispielsweise über 50 Büffel geopfert. Diese Zeremonie ist eine Art Reinigungszeremonie für das gesamte Universum.

8 TEMPEL

Ein Tempel ist für Hinduisten ein heiliger Ort und dient zur Anbetung von Gott in all seinen Manifestationen. Sein Standort wird nicht willkürlich gewählt, sondern sorgfältig bestimmt. In der Regel liegt ein Tempel höher als die umliegenden Wohnhäuser und befindet sich an einem besonderen, spirituell bedeutsamen Ort. Die Ausrichtung erfolgt meist in Richtung Osten oder zu den Bergen. Auch für den Baubeginn eines Tempels eignet sich nicht jeder Tag. Ein geeigneter Tag wird durch den Kalender bestimmt und ist auch vom Mondstand abhängig. Jeder Tempel wird bei Baubeginn und nach Fertigstellung durch Zeremonien und Opfergaben spirituell gereinigt und gesegnet. Balinesische Tempel lassen sich grob in drei Typen unterteilen:

1. Haus- und Familientempel,
2. Dorftempel und
3. Tempel an besonderen Orten, die zum Pilgern dienen.

Für die christliche Kultur ist eine Kirche ein geweihter heiliger Ort, an dem zu Gott gebetet wird. Eine Kirche ist ein großes abgegrenztes Gebäude und alles ist zum Altar hin ausgerichtet. Beim Betreten eines Tempelbereichs in Bali sieht man eine Vielzahl einzelner Bauwerke, sodass sich Besucher oft fragen, wo genau gebetet wird. Die Antwort liegt in den *Pelinggih* – säulenartigen Schreinen mit einem, drei, fünf oder sieben Dächern. Einige haben kleine Türen, andere sind offen, manche bestehen aus drei Kammern, während wiederum andere besonders hoch gebaut sind. Jeder *Pelinggih* dient als „Haus" für eine bestimmte Manifestation Gottes und erfüllt eine eigene spirituelle Funktion.

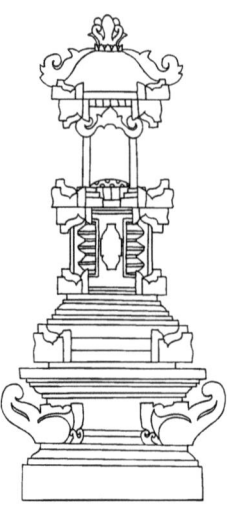

Der oben abgebildete *Pelinggih* ist ein Beispiel einer recht typischen Bauform. Die Pelinggih variieren aber sowohl in ihrer Form als auch in der Bedeutung zum Teil deutlich.

8.1 HAUS- UND FAMILIENTEMPEL

Für balinesische Familien hat ein Haus- oder Familientempel eine zentrale Bedeutung. Er symbolisiert die Wurzel der eigenen Existenz und ist so tief im Glauben verankert, dass er einen Teil der Identität bildet. Die Verantwortung für den Familientempel wird traditionell über den männlichen Ahnenzweig weitergegeben, weshalb es für die meisten Balinesen so wichtig ist einen männlichen Nachkommen zu haben.

Es gibt zwei Konzepte für die Struktur eines Haus- und Familientempels. Das erste wurde im 11. Jahrhundert von *Mpu Kuturan* entwickelt und fokussiert sich auf Gott in Form der *Tri Murti* (Brahma, Vishnu, Shiva). Während das zweite Konzept aus dem 14. Jahrhundert von *Dang Hyang Nirarta* stammt und sich auf Gott in Form der drei vertikalen Existenzebenen *Tri Purusa* fokussiert. Meist wird mittlerweile eine Kombination aus beiden Konzepten gewählt.

Es gibt bei den Haus- und Familientempeln keine hundertprozentig einheitliche Struktur. Zum Teil können lokale Gepflogenheiten und auch das zur Verfügung stehende Platzangebot einen erheblichen Einfluss auf die Gestaltung haben. Trotzdem lässt sich aber eine verallgemeinerte Struktur beschreiben, an die sich mal mehr oder weniger gehalten wird.

8.1.1 *HAUSTEMPEL*

Der Haustempel (*Sanggah Pamerajan Alit*) ist der Tempel für den engeren Familienkreis, dazu gehören die Großeltern, Kinder und Geschwister. Meist befindet er sich auf dem eigenen Grundstück oder zumindest in unmittelbarer Nähe. Der Haustempel hat eine große Bedeutung für die Familie. Er symbolisiert die eigenen Wurzeln und würdigt die Vorfahren. Im Allgemeinen befinden sich im Haustempel die drei Pelinggih: *Kemulan Rong Tiga*, *Padmasari* und *Taksu*.

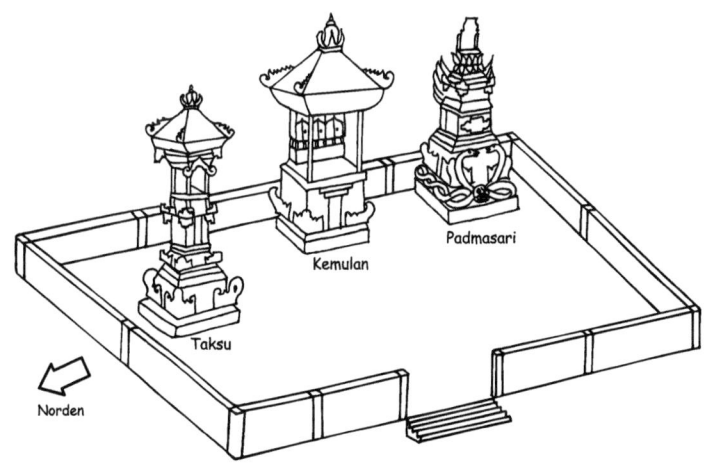

Kemulan Rong Tiga

Der Begriff *Kemulan* stammt vom Wort *mula* und bedeutet „Wurzel" oder „Ursprung". *Rong Tiga* heißt „drei Kammern". Der *Kemulan Rong Tiga* ist ein Pelinggih mit drei Kammern unter einem Dach. Der Teil der Kammern ist gewöhnlich aus Holz hergestellt. Der *Kemulan Rong Tiga* ist das zentrale Element des Haustempels. Hier wird *Hyang Widhi* in Manifestation von *Brahma*, *Vishnu* und *Shiva* (*Tri Murti*) angebetet. Er bildet aber auch eine direkte Verwurzelung zu den Ahnengeistern.

Der *Padmasari* ist ein sehr hoher Pelinggih ohne Dach. Er ist Gott in Form der drei vertikalen Existenzebenen *Parama Siwa*, *Sada Siwa* und *Siwa Atma* (*Tri Purusa*) gewidmet. Auf der höchsten Existenzebene *Parama Siwa* ist Gott ohne Aktivität und ohne wahrnehmbare Existenz, auf der Mittleren *Sada Siwa* hat er eine wahrnehmbare Existenz z.B. in Form von *Brahma*, *Vishnu* und *Shiva* und auf der untersten Existenzebene *Siwa Atma* durchdringt Gott alle Lebewesen in kleinsten Partikeln und verleiht diesen dadurch Leben.

Taksu

Taksu ist ein Pelinggih der optisch keine außergewöhnlichen Merkmale hat. Er ist aus Stein, hat eine normale Höhe und eine Öffnung. Er ist *Dewi Saraswati*, der Göttin der Weisheit und des Wissens, gewidmet. Dieser Pelinggih gehört zum Haustempel, da Weisheit und Wissen im Hinduismus eine wichtige Bedeutung haben. Zum einen ist Wissen und Weisheit zum Überleben und für die Schaffung von Wohlstand notwendig. Zum anderen ist nur durch Anhäufung von Wissen und Weisheit eine geistliche Weiterentwicklung und damit das Durchbrechen des Kreislaufs der Wiedergeburt und der Vereinigung mit Gott möglich.

8.1.2 FAMILIENTEMPEL

Neben dem Haustempel für den engeren Familienkreis gibt es einen größeren Familientempel (*Sanggah Pamerajan Dadia*) für die ganze Familienlinie. Der erweiterte Familienkreis kann in Bali sehr groß sein und umfasst oft mehr als 80 Angehörige. Der Familientempel beinhaltet deutlich mehr Pelinggih als der Haustempel. Im Allgemeinen sind dies:

- **Padmasana**: *Für Gott auf den Existenzebenen der Tri Purusa.*

- **Kemulan Rong Tiga**: *Für Gott als Manifestation in Form der Tri Murti.*

- **Limas Cari** und **Limas Catu**: *Für Gott als Manifestation von Ardanareswari – einer Vereinigung von Shiva und seiner Sakti Parwati. Sie symbolisiert die männlichen und weiblichen Urkräfte des Universums.*

- **Manjangan Saluang**: *Für Mpu Kuturan, zur Erinnerung an seine Dienste für den Hinduismus in Bali.*

- **Pangrurah**: *Für Gott in der Manifestation von Bhatara Kala, dem Regler des Lebens und der Zeit.*

- **Saptapetala**: *Für Gott als Manifestation der Mutter Erde. Mit Drachenstatue als Symbol für den Drachen Basuki, den Bringer des Wohlstandes.*

- **Taksu**: *Für die Anbetung der Göttin der Weisheit Saraswati.*

- **Raja Dewata**: *Für die Ahnengeister.*

Während *Padmasana*, *Kemulan Rong Tiga* und *Taksu* in jedem Familientempel zu finden sind, kann es bei den anderen Pelinggih aber je nach Gegend deutliche Abweichungen geben.

Neben dem Familientempel gibt es noch einen Tempel für die Dorflinie (*Sanggah Pamerajan Panti*). Er vereint quasi die Familien eines Dorfes in einem Tempel. Im alltäglichen Leben spielt er allerdings eine nicht sehr große Rolle. Er ist von der Struktur und der Anzahl der Pelinggih ähnlich aufgebaut wie ein Familientempel.

8.1.3 *Jero Gede*

Beim Betreten eines balinesischen Grundstücks befindet sich in der Nähe des Eingangs oft ein *Pelinggih Jero Gede*. Seine Bauform ist eher unauffällig und ähnelt dem *Pelinggih Taksu*. Er dient zum Schutz und soll verhindern, dass das Böse in das Grundstück eindringt.

8.2 Öffentliche Tempel

In Bali gibt es unzählige öffentliche Tempel. Einige sind sehr groß und andere recht klein. Es gibt die allgemeinen Dorftempel und etliche Pilgertempel, die meist an einem Ort mit einer besonderen Ausstrahlungskraft liegen. Der Aufbau der Tempel kann sich insbesondere bedingt durch die örtlichen Gegebenheiten stark unterscheiden. Trotzdem gibt es eine Art Grundstruktur, an die sich mal mehr und mal weniger beim Bau des Tempels gehalten wird.

8.2.1 *Aufbau eines öffentlichen Tempels*

Die großen öffentlichen Tempel bestehen in der Regel aus drei Bereichen, *Nista Mandala*, *Madya Mandala* und *Utama Mandala*. Dieses Baukonzept nennt sich *Tri Mandala*. Übersetzt heißt Tri Mandala auch lediglich „drei Bereiche".

Tri Mandala

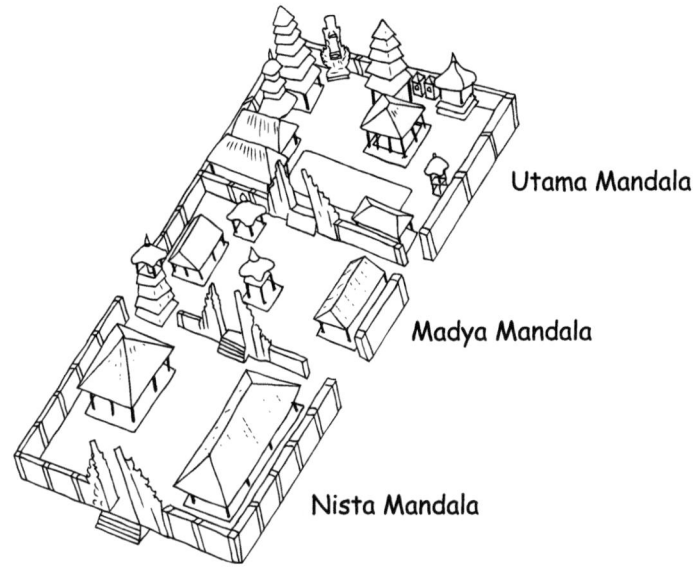

Utama Mandala

Madya Mandala

Nista Mandala

1. *Nista Mandala* ist der äußerste Bereich des Tempels und grenzt unmittelbar an die Umgebung außerhalb des Tempels. Die Regeln innerhalb dieses Bereichs sind nicht so streng. Häufig sind in diesem Bereich der Parkplatz, die Toiletten und kleine Verkaufsstände zu finden.

2. *Madya Mandala* liegt zwischen den Bereichen *Nista Mandala* und *Utama Mandala*. Um diesen Bereich zu betreten, muss man ein Tor namens *Candi Bentar* passieren. Der Zutritt ist nur mit entsprechender Kleidung gestattet: Sarong und Kebaya für Frauen, Sarong und Udeng für Männer. Frauen ist der Zugang während ihrer Menstruation nicht erlaubt.

Candi Bentar

In *Madya Mandala* finden Vorbereitungen für das Beten oder Zeremonien statt. Wichtige Strukturen in diesem Bereich sind z.B. ein *Bale Wantilan* und ein *Bale Kulkul*.

Bale Wantilan

Das *Bale Wantilan* ist eine erhöhte und überdachte Plattform. Zu Weilen spielt hier ein Gamelan Orchester oder es wird für die Vorbereitung der Opfergaben benutzt.

Bale Kulkul

Das *Bale Kulkul* ist ein hoher überdachter Turm, in dem sich traditionell ein *Kulkul* (hölzerner Gong) befindet oder auch ein Lautsprecher angebracht sein kann.

3. Im inneren Bereich *Utama Mandala* ist der eigentliche Gebetsplatz. Dieser Bereich wird wieder durch ein Tor (*Candi Kurung*) betreten.

Candi Kurung

Hier finden sich verschiedene kleine Tempel (*Pelinggih*), die jeweils für die verschiedenen Manifestationen von Gott stehen. Welche Pelinggih hier genau anzutreffen sind, unterscheidet sich etwas von Tempel zu Tempel. In der Regel sind hier zumindest ein Pelinggih *Padmasana* für Gott in Manifestation der Tri Purusa, ein *Kemulan Rong Tiga* für Gott in Manifestation der *Tri Murti* und ein Pelinggih mit Namen *Meru*.

Der *Meru* ist meist ein sehr schöner und anmutiger Pelinggih. Sein hervorstechendstes Merkmal sind seine sich überlappenden Dächer. Ein *Meru* gibt es mit 3, 5, 7, 9 und 11 Dächern. Die Dächer bestehen aus der braunschwarzen Faser *Ijuk* die von der Zuckerpalme stammt. Ein *Meru* symbolisiert den Berg Meru, der nach der hinduistischen Mythologie den Wohnsitz der Götter und das Zentrum des Universums bildet.

Meru

Die Anzahl der Dächer symbolisiert die Bedeutung des *Merus* und der darin angebeteten Götter. Ein *Meru* mit drei Dächern ist meist einem vergötterten Vorfahren gewidmet. So ist beispielsweise der 3-stöckige *Meru* des Tempels *Luhur Uluwatu* dem aus dem 14 Jhdt. stammenden Priester *Dang Hyang Nirarta* gewidmet, der maßgeblich an der jetzigen Form des hinduistischen Glaubens mitgewirkt und das Konzept der *Tri Purusa* eingeführt hat. Ein 5-stöckiger Meru ist dem Gott des Berges Agung gewidmet. Die 11-stöckigen *Meru* sind den höchsten Göttern vorbehalten. Der 11-stöckige *Meru* des Tempel *Ulun Danu Bratan* ist z.B. dem Gott *Shiva* und seiner Sakti *Parvati* gewidmet.

8.2.2 Drei Dorftempel

Jedes balinesische Dorf besitzt drei zentrale Tempel: *Pura Desa*, *Pura Puseh* und *Pura Dalem*. Gemeinsam werden sie *Kahyangan Tiga* genannt und repräsentieren die drei Hauptgottheiten des Hinduismus:

- **Pura Desa** (auch *Pura Bale Agung* genannt) ist dem *Gott Brahma*, dem Schöpfer, gewidmet.
- **Pura Puseh** dient der Verehrung von *Gott Vishnu*, dem Erhalter und Fürsorger.
- **Pura Dalem** ist *Shiva*, dem Zerstörer und Erneuerer, geweiht.

8.2.3 Pilgertempel

Neben den Dorftempeln gibt es auf Bali und auf den Nachbarinseln Nusa Penida, Jawa und Lombok eine große Anzahl von Pilgertempeln. Wann immer die Möglichkeit besteht, versuchen Balinesen entsprechende Tempel aufzusuchen. Meist gleicht dies einem Familienausflug über ein oder zwei Tage. Dabei wird ein Bus gemietet und eine Ausflugsstrecke ausgesucht, die an möglichst vielen schönen Tempeln vorbeiführt. Dauert der Ausflug mehr als ein Tag, wird in einem der Tempel übernachtet. Einige der bekanntesten Pilgertempel sind:

- **Pura Besakih** (Muttertempel Balis)
- **Pura Lempuyang** (ältester bekannter Tempel Balis)
- **Pura Tanah Lot** (auf einem Felsen im Meer)
- **Pura Ulun Danu** (am Bratan-See)
- **Pura Uluwatu** (auf einer Klippe mit spektakulärer Aussicht)

- **Pura Goa Lawah** (Tempel der Fledermaushöhle)
- **Pura Tirta Empul** (heiliger Wassertempel für rituelle Reinigungen)

Der älteste bekannte Tempel ist *Pura Lempuyang*, gefolgt vom Muttertempel *Pura Besakih*. Beide stammen aus dem 8. Jhdt. n.Chr.

Neben diesen genannten Tempeln gibt es noch unzählige weitere. Bei größeren Zeremonien wie z.b. am Jahrestag wird ein Tempel auch gezielt aufgesucht. Der Andrang ist bei solchen Veranstaltungen zum Teil immens groß.

9 PRIESTER UND HEILIGE

Zeremonien auf Bali werden von Priestern geleitet. Allerdings gibt es nicht nur eine Art von Priestern – je nach Aufgabe und Zeremonie sind unterschiedliche Geistliche zuständig. Grundsätzlich werden sie in zwei Hauptklassen unterteilt und zwar *Golongan Dwijati* und *Golongan Ekajati*.

1. *Galongan Dwijati* ist die höchste Priesterklasse. Priester dieser Klasse haben einen besonders hohen Status. Der Begriff *Dwijati* bedeutet „zweimal geboren". Nach der Geburt durch die Mutter findet nach der Ausbildung zum Priester eine spezielle Reinigungszeremonie statt, die eine weitere Geburt symbolisieren soll. Zur Klasse der *Golangan Dwijati* gehören *Rsi*, *Empu*, *Pandita*, *Sulinggih*, *Pedanda*, *Bujangga*, *Dukuh*, *Bagawan* und *Dang Hyang*. Pandita oder Sulinggih wird auch als Überbegriff für Priester dieser Klasse benutzt.

2. Die übrigen Priester gehören zur Klasse der *Golongan Ekajati*. Auch sie unterlaufen einer Reinigungszeremonie, allerdings ist diese nicht vergleichbar mit der eines zur Klasse *Golongan Dwijati* gehörenden Priesters. Zur Klasse *Golongan Ekajati* gehören *Pemangku*, *Pinandita*, *Wasi*, *Mangku Balian*, *Mangku Dalang*, *Pengemban* und *Dang Acarya*. Als Überbegriff für die Priester dieser Klasse wird auch der Begriff *Pinandita* benutzt.

Die Namensgebung für die Priester hängt unter anderem von der Erbfolge wie auch der zu erfüllenden Aufgaben ab, außerdem bestehen auch örtlich Unterschiede in der Benutzung der Namen und in der Erfüllung der Aufgaben. Dies macht es etwas schwer eine klare Struktur zu beschreiben. Wir werden hier deswegen auch nicht tief ins Detail gehen. Als Tourist werden wir die meisten Priester insbesondere aus der Klasse der *Golongan Dwijati* (Pandita/Sulinggih) sowieso eher selten antreffen. Am häufigsten treffen wir auf die Priester *Pemangku* aus der Klasse *Golongan Ekajati*.

Pemangku

Pemangkus leiten die meisten Zeremonien, sowohl in den Dorftempeln wie auch zu Hause. Sie tragen traditionell weiß und haben ihr komplettes Haar mit einem weißen Tuch bedeckt.

Ein *Pemangku* ist immer einem Tempel zugeordnet, für den er die Verantwortung trägt. Ein *Pemangku* kann nicht alle Zeremoniearten durchführen, sondern ist nur für einige bestimmte Zeremonien ausgebildet. Beispielsweise gibt es Pemangkus, die Hochzeiten zelebrieren, während andere für die

Drei-Monats-Zeremonie eines Babys oder bestimmte Tempelrituale zuständig sind. Die meisten Pemangkus sind Männer, doch es gibt auch weibliche Priesterinnen. Möchte man einen Pemangku ansprechen, ist die respektvolle Bezeichnung *Jero Mangku* üblich.

Mangku Dalang

Ein Mangku *Dalang* ist ein Priester der Schattenspiele aufführt. Die Schattenspiele stehen meist im Kontext mit einer Zeremonie wie beispielsweise der Namensgebung eines Kindes.

Mangku Balian

Ein Mangku *Balian* ist im Allgemeinen nicht wirklich ein Priester, sondern so werden Heiler genannt. Viele *Balian* integrieren den hinduistischen Glauben und die Götter in ihre Heilverfahren, so dass sie durchaus einen Stellenwert ähnlich eines Priesters genießen, insbesondere wenn ihre Praktiken den Gläubigen helfen. Nicht selten suchen auch Touristen, die ein Leiden haben und bei denen die Schulmedizin nicht geholfen hat oder die einfach ein alternatives Heilverfahren ausprobieren möchten, einen *Balian* auf.

Pandita / Sulinggih

Pandita / Sulinggih sind Priester aus der Klasse *Galongan Dwijati* und sollen insbesondere die Gemeinde führen und zum Erreichen inneren Friedens und Glücks verhelfen. Sie studieren intensiv die heiligen Schriften und geben auch Religionsvorträge. Ich persönlich habe aus dieser Klasse bisher nur *Rsi* und *Empu* kennengelernt. Ihre Haare tragen sie nach oben zu einem Dutt gebunden.

Bei einer Verbrennungszeremonie (*Ngaben*) benutzen sie allerdings eine sehr charakteristische Kopfbedeckung in Form eines Zylinders.

Die Verhaltensregeln eines Priesters

Ein Priester gilt immer als besonderes Vorbild für andere. Dementsprechend gibt es für sie besondere Verhaltensregeln, an die dieser sich halten sollte:

1. Nicht streiten
2. Keinem Lebewesen Leid zu fügen.
3. Nicht lügen.
4. Nicht stehlen.
5. Nicht zornig werden.
6. Niemanden verleumden.
7. Nicht Ehe brechen.
8. Kein Glücksspiel.
9. Kein Ankaufs-/Verkaufshandel.
10. Sich nicht an Verbrechen beteiligen.

Verstößt ein Priester gegen diese Regeln, kann dies seine Reinheit beschmutzen, ggf. muss dann eine neue Reinigungszeremonie durchgeführt werden oder er verliert gar den Status als Priester.

Es gibt im Hinduismus kein Zölibat und im Allgemeinen sind Priester verheiratet und haben Kinder. Die priesterlichen Aufgaben werden meist sogar auf diese vererbt.

10 GESCHICHTE

Die ersten Einwanderer kamen etwa 2500 v.Chr. nach Bali und stammten aus der südchinesischen Provinz Yunnan. Sie nutzten den Weg über Thailand, Malaysia, Sumatra und Java.

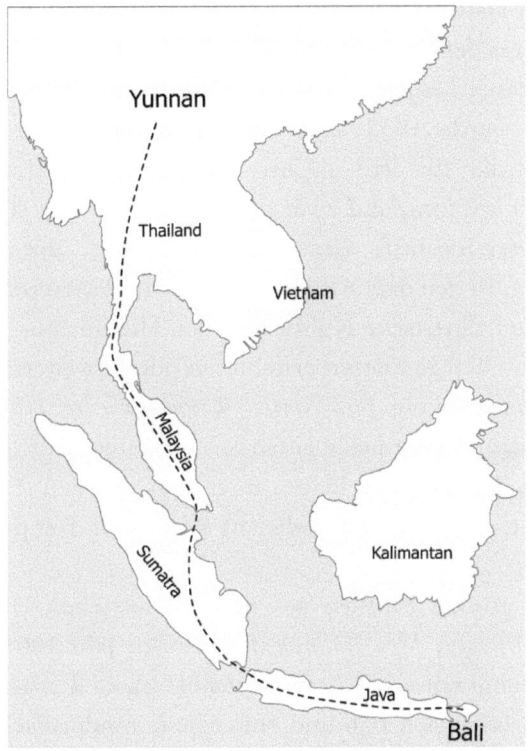

Zwischen 500 und 100 v.Chr. fand eine zweite größere Einwanderungswelle statt, vorwiegend aus Vietnam und Südchina. Der Hinduismus verbreitete sich auf Indonesien allerdings erst um 400 n.Chr. durch Handelsbeziehungen mit Indien. Um diese Zeit bildete sich das erste hinduistische Königreich in Kutai im Nordosten von Borneo. Vor der Bildung der Königreiche gab es in Indonesien keine einheitliche

Regierungsstruktur; jedes Dorf hatte seine eigenen politischen und gesellschaftlichen Strukturen. Von hier aus verbreitete sich der Hinduismus weiter nach Java.

Entstehung des Hinduismus auf Bali

Die ersten historisch belegten Spuren des Hinduismus auf Bali stammen aus dem 8. Jahrhundert. In dieser Zeit wurde auch der älteste Tempel *Lempuyang* und der Muttertempel *Besakih* erbaut. In Sanur wurde 1932 eine Säule mit Inschriften (*Blanjong*) gefunden, die für 913 n.Chr. zum ersten Mal ein König namentlich erwähnt, und zwar den König *Sri Kesari Warmadewa*. Die *Blanjong*-Inschrift lässt sich in Sanur übrigens auch besichtigen. In den darauffolgenden Jahrhunderten prägten viele Könige die balinesische Kultur und den Hinduismus, indem sie Tempel und heilige Stätten errichteten oder erweiterten. So ließ beispielsweise König *Jaya Singha Warmadewa* im Jahr 962 aus einer heiligen Wasserquelle einen See errichten. Aus diesem See wurde ein Tempel, der heute unter dem Namen *Tirta Empul* bekannt ist und einer der vielleicht schönsten Tempel auf Bali darstellt.

Einen großen Einfluss auf den balinesischen Hinduismus hatte der Priester *Mpu Kuturan*. Er kam im Jahr 1001 während der Regierungszeit von König *Dharma Udayana Warmadewa* (989-1011) von Java nach Bali und entwickelte hinduistische Lehren auf dem Konzept der *Tri Murti*. Er lehrte die Errichtung der drei Dorftempel *Pura Desa* für Brahma, *Pura Puseh* für Vishnu und *Pura Dalem* für Shiva und war für die Erweiterung des Muttertempel Pura Besakih verantwortlich.

Eroberung durch das Majapahit-Königreich

1343 eroberte das hinduistisch geprägte Majapahit-Königreich von Java aus Bali. Im Majapahit-Königreich entwickelte sich der Hinduismus, so wie wir ihn heute auf Bali kennen. Die folgende Übersicht zeigt bedeutende Tempel und ihre Entstehungszeit bis ins 17. Jahrhundert:

- **8. Jhdt.**: *Pura Lempuyang, Pura Besakih*
- **9. Jhdt.**: *Goa Gajah*
- **962**: *Pura Tirta Empul*
- **11. Jhdt.**: *Pura Luhur Uluwatu, Pura Goa Lawah, Candi Gunung Kawi*
- **Beginn 16. Jhdt.**: *Pura Tanah Lot*
- **1633**: *Pura Ulun Danu Bratan*
- **1634**: *Pura Taman Ayun*

Kolonialzeit und Kriege mit den Niederlanden

Bereits im 16. Und 17. Jahrhundert kamen die Niederländer nach Bali, um dort Handel zu treiben. 1846 übernahmen die Niederländer die Vorherrschaft. Im Vorfeld gab es allerdings erbitterte Kriege mit den Königshäusern. Die Königshäuser wurden nicht vernichtet, sondern nur unterworfen. Sie behielten in der balinesischen Gesellschaft weiterhin ihre Macht und es kam immer wieder zu Konflikten und blutigen Auseinandersetzungen zwischen den Niederländern und den Königen. 1906 wurde Badung (das heutige Denpasar) von den Holländern zerstört, nachdem ein gestrandetes chinesisches Schiff von Balinesen geplündert wurde. Der damals amtierende König von Badung zog in einen selbstmörderischen Kampf, weil eine Aufgabe nicht ehrenvoll gewesen wäre. Bei dieser Schlacht kamen mehr als 1000 Balinesen ums Leben. Ein ähnliches

Massaker ereignete sich 1908 im Distrikt Klungkung mit dem dortigen König und besiegelte das Ende der Majapahit-Königreiche.

Zweiter Weltkrieg und indonesische Unabhängigkeit

Nach Jahrzehnten kolonialer Herrschaft wurde Bali während des Zweiten Weltkriegs erneut zum Schauplatz militärischer Auseinandersetzungen. 1942 eroberten die Japaner Bali in einer Seeschlacht von den Holländern. Die japanische Kapitulation im zweiten Weltkrieg beendete am 15.August 1945 auch die japanische Herrschaft über Bali. Am 17. August 1945 erklärte Indonesien unter Präsident Sukarno seine Unabhängigkeit. Seitdem gehört Bali zu Indonesien. Die Niederländer erkannten dies allerdings nicht an, kamen auf die Insel zurück und lieferten sich bis 1949 Kämpfe mit balinesischen Guerillakämpfern. Erst unter internationalem Druck zogen sich die Niederländer zurück, und Bali wurde endgültig ein fester Bestandteil Indonesiens.

Politische Entwicklungen

Der erste Präsident Indonesiens war *Sukarno*. Er regierte von 1945 bis 1967. Seine Herrschaft war ideologisch geprägt von Nationalismus, Religion und Kommunismus. Aufgrund der Spannungen zwischen den nationalistischen, kommunistischen und religiösen Kräften im Land, nutzte er immer mehr die Kräfte des Militärs zur Stabilisierung. Nach einem Militärputsch 1965 setzte der damalige General *Suharto* den Präsidenten faktisch ab und übernahm 1966 die Rolle des Regierungschefs. 1967 zwang Suharto den Präsident Sukarno zum Rücktritt und übernahm die Rolle des amtierenden Staatschefs. 1968 wurde

Suharto offiziell Präsident und übte das Amt bis 1998 diktatorisch aus.

Tourismus als kulturelle Rettung

Manchmal hat Tourismus einen negativen Einfluss auf die Kultur einer Gesellschaft, für Bali war er vielleicht eine Rettung. Er sicherte Bali auch als Devisenbringer für Indonesien einen großen Teil seiner Unabhängigkeit. So konnte sich Bali den politischen Spannungen und auch dem Einfluss des Islams größtenteils entziehen und die hinduistischen Traditionen wahren. Heute ist Bali nicht nur eine der wichtigsten Tourismusregionen Indonesiens, sondern auch ein Ort, an dem hinduistische Traditionen und moderne Entwicklungen nebeneinander bestehen.

11 HEILIGE SCHRIFTEN

Quasi jede religiöse Gemeinschaft hat ihre heiligen Schriften. Bei den Hinduisten heißen diese Schriften *Veden*. *Veda* bedeutet übersetzt „Wissen". Die Veden existieren bereits länger als es Bücher gibt. Damals verbreiteten Lehrer oder hohe Heilige (*Maha Rsi*) die Veden mündlich und zogen dazu zum Teil monatelang von Dorf zu Dorf. Erst mit der Erfindung der Schriftsprache wurden die Veden in mehreren Büchern festgehalten und dienen seitdem als Leitfaden für das Leben. Die Veden sind in der altindischen Sprache *Sanskrit* verfasst und gelten als Offenbarungen, welche die *Maha Rsi* von Gott empfangen haben. Diese Offenbarungen entstanden nicht an einem einzigen Tag, sondern sind von einem *Maha Rsi* bis zum nächsten über einen sehr langen Zeitraum empfangen worden. *Maha Rsi* sind Menschen, die eine innere spirituelle Reinheit erlangt haben, so dass sie die Offenbarungen empfangen konnten. Die Veden enthalten Anleitungen zur Anbetung und Darbringung von Opfergaben an Gott, heilige Gesänge und allgemeines Wissen über das Leben. Sie werden in vier Gruppen (*Catur Veda*) eingeteilt:

1. **Rigveda** (älteste Veda): Bildet die ursprüngliche Offenbarung und enthält spirituelles Wissen über den Kosmos.
2. **Samaveda**: Beinhaltet heilige Gesänge.
3. **Yayurveda**: Beschreibt Opfergaben und Opferrituale.
4. **Atharwaveda**: Vermittelt Wissen über das Leben.

Neben den Veden gibt es noch die zwei indische Nationalepen *Ramayana* und *Mahabharata*. Diese erzählen verschiedene religiöse Geschichten und beinhalten viele Weisheiten. Diese

Geschichten haben auch einen bedeutenden Einfluss auf den balinesischen Hinduismus.

11.1 MAHABHARATA UND BHAGAVAD GITA

Mahabharata ist das bekannteste indische Epos. Die Entstehungszeit wird auf den Zeitraum zwischen dem 4. Jahrhundert. v. Chr. bis 4. Jahrhundert. n. Chr. geschätzt. Als Autor wird *Vyasa* angenommen, der selbst ebenfalls eine Rolle in dem Werk spielt. Das Werk besteht aus 18 Büchern und umfasst über 100.000 Verse. Im 6. Buch, Kapitel 25-42, enthält es unter anderem einen der wichtigsten und bekanntesten philosophischen Texte: die *Bhagavad Gita*.

Der Konflikt zwischen Kauravas und Pandavas

Die Hauptgeschichte des Mahabharata dreht sich um den Konflikt zwischen den zwei Königsfamilien *Kauravas* und *Pandavas*. Ein König aus der Bharata-Dynastie hatte drei Nachkommen: *Dhritarashtra, Pandu* und *Vidura*. Der älteste Sohn *Dhritarashtra* war blind geboren und konnte deswegen den Thron nicht besteigen. Somit ging die Thronfolge auf den zweitälteste Sohn *Pandu* über.

Als *Pandu* bei der Jagd glaubte ein Reh zu hören, schoss er aus Versehen auf den Weisen *Kindama,* während dieser beim Liebesakt mit seiner Frau war. Bevor *Kindama* starb verfluchte er *Pandu*, dass er beim nächsten Geschlechtsverkehr sterben würde. Zur Unfruchtbarkeit verdammt lebte *Pandu* von dort an mit seinen zwei Frauen *Madri* und *Kunti* als Asket im Wald und übergab den Thron an den blinden *Dhritarashtra*. *Dhritarashtra* hatte insgesamt 100 Söhne, die den Zweig der *Kauravas* bildeten. Mit göttlicher Hilfe bekam *Pandu* mit seinen zwei Frauen aber im Wald ebenfalls fünf Söhne – dies bilden den Familienzweig der *Pandavas*. Nach *Pandus* Tod wuchsen seine fünf Söhne am Hofe von *Dhritarashtra* auf. Allerdings wurde die Spannungen zwischen den *Kauravas* und den *Pandavas* mit der Zeit immer größer.

Zwischen den zwei Familien *Pandavas* und *Kauravas* kommt es letztendlich zu einer großen Schlacht, bei der viele Menschen starben. Da die beiden Königsfamilien sich sehr nahestanden und zum Teil auch familiäre Verflechtungen hatten, wird diese Schlacht als blutiger Bruderkrieg bezeichnet. Es gibt archäologische Hinweise, dass die Schlacht in ähnlicher Form tatsächlich stattgefunden haben könnte, weshalb für viele Hinduisten die Geschichte eine historische Begebenheit darstellt. Die *Pandavas* gehen aus der Schlacht trotz zahlenmäßiger Unterlegenheit als Sieger hervor.

Zu fast jeder Figur, die in dem Epos auftaucht, gibt es zusätzlich eine eigene Nebengeschichte.

Die Bhagavad Gita – Ein philosophischer Dialog

Die *Bhagavad Gita* die zum 6. Buch gehört, ist der bekannteste und wohl auch bedeutendste Teil des Mahabharata. *Bhagavad Gita* heißt übersetzt „Göttlicher Gesang" und beschreibt den Teil der Geschichte vor der großen Schlacht. Sie handelt von *Arjuna*, ein Mitglied der *Pandavas* der sich im Streitwagen befindet und seinen Feinden den *Kauravas* und dessen Heer gegenübersteht. Unter den Feinden erkennt er viele bekannte Gesichter, darunter befinden sich seine Lehrer und Brüder. *Arjuna* beginnt zu zweifeln und stellt sich die Sinnfrage. So beginnt ein philosophischer Diskurs mit seinem Wagenlenker, der sich als *Krishna* offenbart, einem Avatar von *Dewa Vishnu*. *Krishna* erklärt *Arjuna* die Konzepte von Pflicht (*Dharma*), Loslösung von den Ergebnissen des Handelns und die Bedeutung des spirituellen Weges.

Die *Bhagavad Gita* gilt als eine Quelle philosophischer Weisheiten und das nicht nur unter Hinduisten. Viele Dinge erschließen sich erst nach mehrmaligem lesen und auch dann bleibt noch viel Spielraum für Interpretation. Da das Original in Sanskrit geschrieben wurde, existieren zahlreiche unterschiedliche Übersetzungen, die sich teils erheblich in ihrer Deutung unterscheiden. Das gilt natürlich für das gesamte Epos Mahabharata.

Die hier beschriebene Zusammenfassung des Epos Mahabharata ist sehr grob. Es enthält etliche weitere Nebengeschichten. Abschließen möchte ich diese Kapitel mit zwei Zitaten, die in der heutigen Zeit nicht an Aktualität verloren haben und die vielleicht ein gewisses Gefühl über den literarischen Wert des Mahabharata vermitteln können:

„Alle Empfindungen (Glück und Leid) sind vergänglich. Sie kommen und gehen wie vorüberziehende Wolken. Ertrage sie geduldig und tapfer. Lerne dich durch sie nicht beeinflussen zu lassen."

Bhagavad Gita 2-14

„Die geistige Kultiviertheit einer Einzelperson oder einer Gesellschaft bemisst sich daran, wie gut Habgier und Verlangen beherrscht werden."

Bhagavad Gita 2-60

11.2 RAMAYANA

Wenn in Bali ein traditionelles Schauspiel wie *Wayang Kulit* (Schattenspiel), *Wayang Wong* (unmaskiertes Schauspiel) oder

Wayang Topeng (Maskenspiel) aufgeführt wird, basiert es meist auf der Geschichte des *Ramayana* oder manchmal auch auf dem *Mahabharata.*

Ramayana ist das zweite große indische Nationalepos und umfasst sieben Bücher mit etwa 24.000 Versen. Im Gegensatz zum *Mahabharata*, das historische und mythologische Elemente vermischt, handelt es sich beim *Ramayana* um eine reine Kunstdichtung. Die genaue Entstehungszeit ist unklar, wird aber auf 400 v. Chr. bis 200 n. Chr. geschätzt.

Ramayana bedeutet übersetzt „Das Leben des Rama" und erzählt die Lebensgeschichte des Prinzen *Rama* aus dem Königreich *Kosala*. Sein Vater, König *Dasharatha von Ayodhya*, hatte drei Ehefrauen:

- *Koushalya*, die Mutter von *Rama*
- *Kaikeyi*, die Mutter von *Bharata*
- *Sumitra*, die Mutter der Zwillinge *Lakshmana* und *Shatrughna*

Ramas Verbannung und die Entführung Sitas

Auf die Bitte des Weisen *Vishvamitra* ziehen *Rama* und sein Bruder *Lakshmana* zusammen mit ihm aus, um das Land von Dämonen zu befreien. Dabei trifft *Rama* auf *Sita* die Tochter des Königs *Janaka*. Um ihre Hand zu gewinnen, muss sich *Rama* zunächst einer Prüfung stellen. Er muss einen Bogen spannen, den *Janaka* von *Shiva* erhalten hat. *Rama* besteht die Prüfung, an der so viele vor ihm bereits gescheitert sind, mühelos und heiratet *Sita*.

Nach zwölf glücklichen Ehejahren soll *Rama* zum König von *Ayodhya* gekrönt werden. Doch seine Stiefmutter *Kaikeyi* intrigiert gegen ihn: Sie überzeugt *Dasharatha*, Rama für 14 Jahre in die Verbannung zu schicken, um ihrem eigenen Sohn *Bharata* den Thron zu sichern. *Sita* und *Lakshmana* begleiteten *Rama* in die Wildnis.

Während der Verbannung tötete *Rama* zahlreiche Dämonen und Ungeheuer. Eines Tages nähert sich die Dämonin *Surpanakha*, die Rama verführen will. Als er sie zurückweist und sie aus Wut *Sita* angreift, greift *Lakshmana* ein und schneidet *Surpanakhas* Nase ab. Tief gedemütigt und voller Hass sucht *Surpanakha* ihren Bruder *Ravana*, den Dämonenkönig von *Lanka*, auf. Sie berichtet ihm von *Sitas* außergewöhnlicher Schönheit und überzeugt ihn, dass sie eine perfekte Gemahlin für ihn wäre. Durch eine List gelingt es *Ravana*, *Sita* zu entführen und sie auf die Insel *Lanka* zu bringen.

Der Kampf gegen Ravana

Um *Sita* zu retten, bittet *Rama* den Affenkönig *Sugriva*, dem er zuvor geholfen hatte, um Hilfe. Dieser entsendet seinen treuesten Gefährten, *Hanuman*, der *Sitas* Aufenthaltsort auf der Insel Lanka entdeckt. Mit einem riesigen Affenheer zieht *Rama* in den Kampf gegen *Ravana*. Nach einer langen und erbitterten Schlacht besiegt er den Dämonenkönig und befreit *Sita*.

Rückkehr nach Ayodhya

Nach dem Sieg kehren *Rama* und *Sita* nach *Ayodhya* zurück und sein Bruder *Bharata* überlässt *Rama* freiwillig die Krone. Nachdem *Sita* so lange in der Obhut eines anderen Mannes war, kamen *Rama* Zweifel an ihrer Treue und verstößt sie.

Um ihre Unschuld zu beweisen, unterzieht sich *Sita* darauf der Feuerprobe: Sie steigt auf einen brennenden Scheiterhaufen, doch die Göttin des Feuers verschont sie – ein göttliches Zeichen ihrer Reinheit. Daraufhin nimmt *Rama* sie wieder als seine Frau an.

12 TÄNZE UND SCHAUSPIELE

Bali ist bei den Touristen bekannt und beliebt für seine Tänze und Schauspiele. Hiervon gibt es etliche und für Touristen üben diese Tänze und Schauspiele eine besondere Faszination aus. Deren Bedeutung erschließt sich den Besuchern allerdings meist nicht. Viele dieser Künste sind regionale Besonderheiten und nur in bestimmten Gegenden verbreitet. Sie sind so zahlreich, dass wir hier nur einige bekanntere betrachten können. Die meisten Aufführungen erzählen Geschichten aus dem *Ramayana* oder *Mahabharata* oder dienen der Anbetung und Verehrung göttlicher Manifestationen.

12.1 TÄNZE

Das Gamelan spielt sein emotionales Glockenspiel, welches einer für den Westen ungewohnten Melodik folgt. Die Tänzer erscheinen auf der Bildfläche. Mal sind es hübsche filigran geschmückte junge Tänzerinnen, mal sind es verkleidete maskierte Dämonen, Götter oder Helden. Jeder Körperteil der Tänzer bewegt sich in präzisen, oft ruckartigen, manchmal sanften, manchmal rasanten Bewegungen – stets begleitet vom rhythmischen Spiel des Orchesters.

Touristen erleben diese Tänze meist zum ersten Mal mit Staunen, verzaubert von der fremdartigen Ästhetik, ohne deren tiefere Bedeutung zu verstehen. Doch früher oder später erwacht die Neugier: Welche Geschichten erzählen diese Tänze? Welche Rolle spielen sie in der balinesischen Kultur?

Obwohl fast alle Tänze religiöse Wurzeln haben und oft Szenen aus dem *Ramayana* oder *Mahabharata* darstellen, lassen sie sich in zwei Hauptkategorien einteilen:

- **Heilige Tänze (*Tari Sakral*)**: Diese dienen der Anbetung und werden bei bestimmten Tempelzeremonien aufgeführt. Beispiele sind der *Baris*, *Sanghyang*, *Rejang* und *Pendet*.

- **Unterhaltungstänze (*Tari Profan*)**: Sie erzählen Geschichten oder dienen der gesellschaftlichen Unterhaltung. Zu ihnen gehören der weltberühmte *Kecak*, der anmutige *Legong* und der farbenfrohe *Sekar Jagat*.

Touristen, die Aufführungen in einem Hotel oder Restaurant besuchen, erleben oft eine Mischung aus beiden Kategorien.

Im Übrigen ist nicht jede scheinbar weibliche Tänzerin tatsächlich eine Frau – häufig übernehmen geschminkte Männer diese Rollen, eine Tradition mit langer Geschichte in der balinesischen Tanzkunst.

12.1.1 BARIS-TANZ

Der Baris-Tanz ist ein traditioneller Kriegstanz und wird ausschließlich von Männern aufgeführt. Die Tänzer tragen eine kunstvolle Rüstung, auf ihrem Rücken ist ein Schwert befestigt oder sie sind mit einem Speer bewaffnet. Es gibt verschiedene Variationen dieses Tanzes, doch das zentrale Thema bleibt stets dasselbe: Die Darstellung der Emotionen, die ein Krieger während eines Kampfes durchlebt – von Entschlossenheit bis hin zur Furcht.

Der Name *Baris* bedeutet „Linie" und symbolisiert die geordnete Formation einer Kriegerreihe. Während einer Tempelzeremonie sollen die Krieger die Götter symbolisch vor Dämonen beschützen.

12.1.2 REJANG-TANZ

Der *Rejang* ist ein Tanz, der den Ahnen gewidmet ist und wird zu größeren Zeremonien von mehreren meist jungen Frauen aufgeführt. Sie tragen kunstvoll verzierte Kopfschmucke mit Blumen und bewegen sich in harmonisch abgestimmten Formationen – mal in einer Reihe, mal im Halbkreis und manchmal halten sie sich an den Händen.

Insgesamt ist der Tanz aber nicht sehr komplex und enthält etwa zehn verschiedene sich wiederholende Bewegungsabfolgen. Der *Rejang* ist ursprünglich ein reiner Sakraltanz, doch heute wird er zunehmend auch für touristische Aufführungen adaptiert.

12.1.3 PENDET-TANZ

Der *Pendet*-Tanz wird meist von 3-5 jungen Tänzerin aufgeführt. Ursprünglich stellt er das Darbringen von Opfergaben an die Götter dar und wurde ausschließlich bei religiösen Zeremonien aufgeführt.

Der *Pendet* ist oft der erste Tanz, den junge Balinesinnen erlernen, da er technisch nicht besonders anspruchsvoll ist. Häufig tanzen ihn auch kleine Mädchen. Heutzutage wird dieser Tanz gerne zur Begrüßung von Gästen aufgeführt, bei der die Tänzerinnen Blumen streuen, um Besucher willkommen zu heißen.

12.1.4 KECAK-TANZ

Der *Kecak*-Tanz ist einer der bekanntesten und auch beeindrucktesten Tänze Balis. Ursprünglich war *Kecak* ein mystischer, monotoner Gesang, der von einer großen Gruppe von Männern in Trance gesungen wurde.

Der deutsche auf Bali lebende Künstler Walter Spies war fasziniert von diesem Ritual und fügte es 1930 in die Geschichte des *Ramayana* ein. So erzählt die heutige Form des *Kecak*-Tanzes die Geschichte von *Rama* und *Sita*.

Besonders beeindruckend ist die Darbietung bei Nacht, wenn die Geschichte *Ramas* mit kunstvollen Kostümen und furchterregenden Masken im Schein leuchtender Fackeln dargeboten wird. Begleitet wird die Szenerie von 20 bis 50 Männern mit nacktem Oberkörper, die im rhythmischen

Sprechgesang „kecak" rufen und so eine tranceartige Atmosphäre erschaffen.

12.1.5 LEGONG-TANZ

Der Name *Legong* setzt sich aus zwei Begriffen zusammen: *Leg*, was für elegante, geschmeidige Bewegungen steht, und *Gong*, das auf das traditionelle Gamelan-Orchester verweist. Der *Legong* ist somit eine besonders anmutige Tanzform, die in perfekter Harmonie mit der Musik des Gamelans aufgeführt wird.

Dieser Tanz zeichnet sich durch komplexe, präzise ausgeführte Bewegungen aus und wird ausschließlich von Frauen getanzt, um Anmut und Eleganz zu betonen. Ursprünglich ist der *Legong* eine Form den Vorfahren gegenüber Dankbarkeit auszudrücken. Heute wird der Tanz mehr zur Unterhaltung und Begrüßung von Gästen aufgeführt.

Es gibt verschiedene Variationen des Tanzes, die jeweils auch verschiedene Geschichten erzählen und sich im Namen unterscheiden. Dazu gehören unter anderem *Legong Candra Kanta*, *Legong Kuntul*, *Legong Goak Macok* und *Legong Kupu-Kupu Tarum*. Die bekannteste Version ist *Legong Lasem*, die die dramatische Geschichte von König *Lasem* erzählt.

König *Lasem* verliebt sich in die Prinzessin *Rangkesari* von *Daha*, doch als sie ihn zurückweist, entführt er sie kurzerhand. Ihr Bruder, der König von *Daha*, erklärt daraufhin *Lasem* den Krieg. Auf dem Weg zur Schlacht wurde *Lasem* von einem wilden Vogel angegriffen und stürzte vom Pferd. Dies war ein Omen, dass König *Lasem* in der Schlacht sterben wird. Lasem ignorierte das Omen, starb in der Schlacht und *Rangkesari* kehrte mit ihrem Bruder nach *Daha* zurück.

12.1.6 JOGED-TANZ

Der *Joged* ist ein weiterer Unterhaltungtanz. Eine hübsche Tänzerin beginnt den Tanz alleine und wählt dann mit einem Hüftschal oder durch Zuwerfen ihres Fächers einen männlichen Tanzpartner. Der Tanz kann für balinesische Verhältnisse eine recht erotisch sexuelle Ausdruckskraft beinhalten, wird aber vom Publikum als belustigend angesehen. Manchmal werden die männlichen Tänzer aber doch etwas arg aufdringlich und die weiblichen Tänzerinnen weisen diese wieder gekonnt in ihre Schranken. Gar nicht selten ist die weibliche Tänzerin aber auch ein entsprechend weiblich geschminkter Mann. Im Gegensatz zu vielen anderen traditionellen Tänzen erzählt der *Joged*-Tanz keine konkrete Geschichte – er dient allein der Unterhaltung und sorgt für Heiterkeit bei den Zuschauern.

12.2 SCHAUSPIELE

Neben den traditionellen Tänzen gibt es auf Bali eine Vielzahl von Schauspielen und darstellenden Künsten. Einige sind nur in bestimmten Regionen oder sogar ausschließlich in einem einzigen Dorf zu finden. Ein Schauspiel heißt im indonesischen *Wayang*. Wörtlich übersetzt bedeutet Wayang „Marionette".

12.2.1 *WAYANG KULIT*

Wayang Kulit ist ein traditionelles balinesisches Schattenspiel. Das Wort *Kulit* bedeutet „Haut", was auf das Material der Figuren hinweist: Sie werden aus kunstvoll bearbeiteter Rinderhaut gefertigt. Dargestellt werden meist Figuren aus den Epen *Mahabharata* oder *Ramayana*.

Jede Figur ist an drei Stäben befestigt: Ein Haltestab in der Mitte und jeweils ein Stab an den Händen. Die Hände können mit den zwei Stäben bewegt und der Figur damit Ausdruckskraft verliehen werden.

Die Aufführung selbst erfolgt nicht direkt auf einer Bühne, sondern hinter einer Stoffleinwand. Mit einem Feuer wird auf der Leinwand ein Schatten der Figuren erzeugt.

Die Aufführung eines Schattenspiels erfolgt durch einen *Mangku Dalang,* einem Priester, der speziell in dieser Kunstform ausgebildet ist. Mit einer sehr prägnant tiefen Stimme trägt er Geschichten aus dem Ramayana oder Mahabharata in einer Art Sprechgesang vor.

Untermalt wird das Schattenspiel mit einem kleinen Gamelan-Orchester. Wayang Kulit wird oft zu besonderen Anlässen aufgeführt, wie etwa zur *drei-Monats-Zeremonie* eines Babys. Es gibt aber auch Aufführungen, die ausschließlich der Unterhaltung dienen.

12.2.2 *WAYANG TOPENG*

Das Wort *Topeng* bedeutet „Maske", und genau darum dreht sich das Schauspiel *Wayang Topeng*: Die Darsteller tragen kunstvolle Masken, die verschiedene Figuren aus den hinduistischen Epen verkörpern. Die zwei folgenden Masken stellen z.B. *Hanuman* (links) und *Rama* (rechts) aus dem Epos *Ramayana* dar.

Es gibt Aufführungen, die der reinen Unterhaltung dienen, es gibt aber auch Aufführungen die nur zu bestimmten Zeremonien aufgeführt werden. Bei den letzteren symbolisieren die Masken zum Teil Götter und gelten entsprechend als heilig. Sie werden bis zur Aufführung in Tempeln aufbewahrt und dürfen selbst während der Proben nicht getragen werden. Im Dorf *Tejakula* gibt es beispielsweise das Maskenspiel *Wayang Wong*, das die komplette Geschichte des *Ramayana* erzählt. In dieser Version wird es ausschließlich in diesem Dorf aufgeführt, da die dort verwendeten Masken als heilig gelten und das Dorf nicht verlassen dürfen.

12.2.3 WAYANG BARONG

Barong ist eine spezielle Art eines Maskentanzes. Die Figur des *Barong* hat eine löwenartige Gestalt und wird von einem oder zwei Tänzern gespielt.

Der *Barong* ist der König der guten Geister und kämpft gegen den Dämonenkönig *Rangda*, der das Böse verkörpert. Der *Wayang Barong* stellt den ewigen Kampf des Guten gegen das Böse dar. Es ist ein sehr emotionales Schauspiel. Der Dämonenkönig *Rangda* verzaubert eine Gruppe Männer. In Trance geraten diese Männer in Rage und versuchen sich mit ihren Messern selbst zu töten. Durch die Anwesenheit des *Barongs* bleiben sie aber vor Verletzung geschützt. Ein Priester bespritzt die Kämpfer mit Weihwasser und beendet damit die Verzauberung. Der *Barong* treibt *Rangda* in die Flucht. Das Gute hat über das Böse gewonnen – zumindest vorübergehend. Denn das Böse kann niemals endgültig vernichtet werden, sondern wird immer wieder zurückkehren, sodass der ewige Kampf fortbesteht.

12.3 GAMELAN

Jeder Tanz und jedes Schauspiel auf Bali wird musikalischen von einem *Gamelan*-Ensemble untermalt. In Indonesien bezeichnet *Gamelan* ein Orchester aus verschiedenen traditionellen Musikinstrumenten. Das balinesische *Gamelan*-Orchester ist etwas Besonderes und es ist fast unmöglich einen Urlaub auf Bali zu machen, ohne jemals die Musik eines *Gamelans* mit der für uns ungewohnten Harmonie gehört zu haben. Die Harmonie passt perfekt zur mystischen und spirituellen Untermalung von Zeremonien, Tänzen und anderen Aufführungen. In früheren Zeiten, als der Flughafen in Denpasar noch nicht so ausgebaut war, hat diese Musik die Touristen bereits bei der Anreise oder Abreise begleitet. Dies war ein untrügliches Zeichen, dass man auf Bali war. Für ein balinesisches *Gamelan* steht ein breites Spektrum an Instrumenten zur Verfügung. Das geht von Glockenspielen aus Bambus oder Metall über Trommeln bis hin zur Bambusflöte. Die Zusammenstellung ist je nach Aufführung, Tanz oder Zeremonie zum Teil sehr unterschiedlich. Wir werden hier eine Auswahl typischer Instrumente kennenlernen, die in einem *Gamelan*-Ensemble vorkommen können. Da es etwas schwierig ist, den Klang einzelner Instrumente nur mit Worten zu beschreiben, habe ich zusätzlich auf YouTube ein Video[1] mit dem Titel „Instrumente eines balinesischen Gamelan-Orchesters" hochgeladen, bei dem ich einige der Instrumente vorstelle.

---

[1] https://youtu.be/tfAzMUhdfeo

12.3.1 GENDER

Ein *Gender* ist ein Metallophon, das aus 10 bis 14 Messingplatten besteht. Jede dieser Platten erzeugt beim Anschlagen einen eigenen Ton. Unter den Metallplatten befinden sich dicke Bambushohlkörper, die als Resonanzkörper dienen und dem Instrument seinen charakteristischen, voluminösen Klang verleihen. Bespielt werden die Messingplatten mit zwei *Tabuh*. Ein Tabuh ist ein Holzknüppel, dessen Anschlagende eine etwa 1 cm dicke Holzscheibe ist. Mit dem *Gender* werden volumige metallische Töne erzeugt und allein mit diesem Instrument kann eine Melodie gespielt werden, die wir unverwechselbar mit Bali in Verbindung bringen. Wird das *Gender* in einem Gamelan-Ensemble eingesetzt, sind meist zwei dieser Instrumente vorhanden. Das Gender wird beispielsweise beim Schattenspiel, bei der Zahnfeilung und bei einer Hochzeitszeremonie benutzt.

12.3.2 Gangsa

Ein *Gangsa* ist ebenfalls ein Metallophon. Es besteht typischerweise aus 10 Bronzeplatten. Ein *Gangsa* ist kleiner als ein Gender und erzeugt höhere und härtere Töne. Das *Gangsa* wird mit einem Holzhammer bespielt, dessen Schlagseite glatt ist, nach hinten aber spitz zu geht. Mit der rechten Hand wird eine Bronzeplatte mit dem Hammer angeschlagen. Sobald ein neuer Ton angeschlagen wird, muss die vorher bespielte Bronzeplatte mit der linken Hand kurz festgehalten werden, damit der vorherige Ton verstummt, sonst würden sich die Töne überlagern und das Ganze schwammig klingen.

12.3.3 Tingklik

Ein *Tingklik* ist im Aufbau einem Gangsa ähnlich, als Anschlagplatten werden allerdings Bambus- oder Holzplatten benutzt. Dadurch kann das *Tingklik* mit zwei Holzhämmern gleichzeitig bespielt werden. Die vorherigen Töne müssen nicht abgedämpft werden. Das *Tingklik* findet im Gamelan zwar keine Anwendung, soll hier aber trotzdem erwähnt werden, da es häufig benutzt wird, um z.B. im Restaurant entspannende Hintergrundmusik zu erzeugen.

12.3.4 GONG

Der *Gong* ist das größte Musikinstrument in einem Gamelan. Der *Gong* ist ein aus Messing hergestelltes rundes Instrument, welches an einem Seil aufgehängt ist. Es hat einen etwa 10 cm Rand, um einen Resonanzkörper zu erzeugen, der ein entsprechend tiefen volumigen Ton erzeugt. Je nach Tiefe des gewünschten Tons gibt es den *Gong* in verschiedenen Größen und Ausführungen. Der Durchmesser kann 30-80 cm betragen. Manchmal werden im Gamelan nur ein oder zwei Gongs unterschiedlicher Tonhöhe eingesetzt, es gibt aber durchaus auch Ensembles mit sechs verschiedenen Gongs. Bei einem Umzug z.B. während einer Begräbniszeremonie oder am Tag vor Nyepi tragen den *Gong* zwei Balinesen an einer Bambusstange, während der hintere den Gong schlägt. Als Schlaginstrument wird ein mit Stoff umwickelter Klöppel benutzt.

12.3.5 KETUK UND KENONG

Das *Ketuk* ähnelt einem Gong, liegt jedoch horizontal in einem Gestell und ist deutlich kleiner. Der Topf besteht ebenfalls aus Bronze und erzeugt einen tiefen, vollen Klang – jedoch sanfter und weniger voluminös als ein großer Gong.

Dem *Ketuk* ähnlich ist das *Kenong*. Allerdings ist hier der Bronzetopf etwas kleiner und hat eine weitere Wölbung nach oben. Dadurch entsteht ein feiner und deutlich höherer Ton als beim *Ketuk*. Das *Ketuk* und das *Kenong* werden meist zusammen von einer Person gespielt.

Neben dem *Ketuk* und dem *Kenong* gibt es als weitere Variationen dieser Gonginstrumente das *Reyong* und das *Terombong*. Hier sind mehrere dieser Töpfe in leicht unterschiedlicher Größe in einer Reihe arrangiert, so dass diese unterschiedliche Tonhöhen erzeugen.

12.3.6 KENDANG

Ein *Kendang* ist eine längliche auf zwei Seiten bespielbare Trommel. Das *Kendang* ist mit Tierhäuten z.B. Büffelhaut bespannt und wird waagerecht vor dem Musiker positioniert. Dadurch kann sie sowohl mit der linken als auch mit der rechten

Hand gespielt werden. Das *Kendang* ist in einem Gamelan ein Taktgeber und kann schnell wie auch langsam gespielt werden, – oft sogar mit plötzlichen Tempowechseln, die dem Stück Dynamik verleihen.

12.3.7 CENG-CENG

Das *Ceng-Ceng* ist ein bronzenes Becken, dessen Durchmesser zwischen 15 und 30 cm variiert. Klang und Tonhöhe werden durch den Durchmesser und die Materialdicke bestimmt.

Werden *Ceng-Ceng* im Gamelan eingesetzt gibt es mehrere Musiker, die durch das unterschiedliche recht schnelle Anspielen einen charakteristischen Rhythmus kreieren.

Das *Ceng-Ceng* gibt es in zwei Varianten. In der ersten Varianten werden lediglich zwei Beckenscheiben mit den Händen zusammengeschlagen. In der zweiten Varianten sind zwei Beckenscheiben auf ein Holzgestell montiert und die entsprechenden Gegenstücke werden in die rechte und linke Hand genommen.

Bei dieser Variante kann ein Musiker gleichzeitig zwei Becken spielen.

12.3.8 SULING

Die *Suling* ist eine traditionelle Bambusflöte, die einen weichen, sanften Klang erzeugt. Sie existiert in verschiedenen Größen: Kleine *Suling*-Flöten haben einen eher hohen, klaren Ton, während größere Modelle einen volleren, voluminöseren Klang bieten.

Da eine einzelne *Suling* im *Gamelan*-Ensemble zu dünn klingen würde, werden in der Regel mehrere Flöten gleichzeitig gespielt, um eine harmonische und ausgewogene Klangfülle zu erzeugen.

12.4 BESONDERE VERANSTALTUNGEN

Neben den Schauspielen und Tänzen gibt es auf Bali zahlreiche traditionelle Rituale und Feste, die oft nur in einem einzigen Dorf oder einer bestimmten Region gefeiert werden. Ein eindrucksvolles Beispiel ist *Perang Pandan* im Dorf Tenganan, das einmal jährlich stattfindet. „*Perang*" bedeutet Krieg, und „*Pandan*" bezeichnet eine Pflanze mit langen, harten Blättern, die von kleinen Stacheln übersät sind.

Das Ritual dient den Männern des Dorfes als eine Art
Reifeprüfung: Sie kämpfen mit den *Pandan*-Blättern
gegeneinander, bis ihre Rücken von blutigen Striemen
gezeichnet sind. Anschließend werden die Wunden mit einer
Paste aus Kurkuma behandelt. Rund ein Drittel aller Männer im
Dorf nimmt an diesem außergewöhnlichen Spektakel teil, und
überall sieht man verschwitzte, blutige Rücken.

Mit diesem Ritual beweisen die Männer, dass sie stark genug sind, um in einen Kampf zu ziehen. Das Adrenalin im Körper scheint die Schmerzen zu neutralisieren, da die Gesichter der Männer eher Glück, Stolz und Zufriedenheit ausstrahlen.

Es ist leider manchmal sehr schwierig von solchen Veranstaltung Kenntnis zu erhalten. Meist finden sie nur an einem bestimmten Tag und nur in einer bestimmten Gegend statt. Auch *Perang Pandan* habe ich mehr durch Zufall kennenlernen dürfen, nachdem ich schon mehr als zehn Jahre regelmäßig Bali besuchte.

Ein weiteres faszinierendes Ritual ist der Feuertanz *Sanghyang Jaran*. Dabei wird in der Mitte der Tanzfläche ein Lagerfeuer entzündet, während ein Chor im Kreis darum sitzt und rhythmische Gesänge anstimmt. Ein Tänzer, der ein aus Palmblättern gefertigtes Pferd hält, führt einen tranceartigen Tanz auf, bei dem er immer wieder über das Feuer reitet – bis er sich schließlich, in tiefer Trance, sogar in den Flammen badet.

Ich hatte bisher noch keine Gelegenheit, diesen Feuertanz live zu erleben, aber auf YouTube gibt es einige beeindruckende Videos, die seine Intensität und Mystik einfangen.

13 HEILER, WUNDERGLAUBE UND GEISTER

Ich erinnere mich noch gut an meinen ersten Aufenthalt auf Bali im Jahr 2002. Damals war es im Norden der Insel gar nicht so einfach, nachts einen Fahrer zu finden. Natürlich lag dies auch daran, dass es zu dieser Zeit noch weniger Autos und Fahrer gab als heute. Allerdings wollten auch nicht sehr viele Balinesen nachts fahren, da sie schlicht Angst vor den Geistern hatten, die sich in den Bäumen und in der Dunkelheit herumtreiben.

Heute ist es Normalität geworden nachts zu fahren. Der Glaube an Geister, Wunder, schwarze und weiße Magie ist aber immer noch weit verbreitet. Diese Vorstellungen entstammen nicht direkt den hinduistischen Schriften, die auf Bali die religiöse Grundlage bilden. Dadurch dass es aber viele mystische Geschichten und zum Teil auch sehr unheimliche Erscheinungsformen von Gott gibt, ist es auch nicht verwunderlich, dass sich auf Bali auch ein Aber-, Wunder- und Geisterglaube entwickelt hat.

Oft sind diese Glaubensformen regional begrenzt – manche Dörfer halten an bestimmten Überzeugungen fest, andere wiederum nicht. Und selbst innerhalb eines Dorfes glauben manche Balinesen fest daran, andere wiederum gar nicht. Manchmal ist dieser Glaube auch sehr pragmatisch, d.h. wenn es gerade passt, wird daran geglaubt und wenn nicht, dann eben nicht.

Alles, was in diesem Abschnitt beschrieben wird, entbehrt quasi jeglicher wissenschaftlichen Grundlage und kann kaum mit Referenzen belegt werden. Und doch ist gerade dieser Abschnitt wichtig, um ein Verständnis für die tiefe Verwurzelung des Glaubens zu bekommen.

13.1 HEILER

Heiler heißen auf Bali *Balian*. Ein *Balian* genießt meist einen ähnlich hohen gesellschaftlichen Status wie ein Priester. Auf Bali gibt es unzählige dieser Heiler, die die unterschiedlichsten Methoden anwenden. Sie sind eine kostengünstige Alternative zur Schulmedizin. Vor dem Einzug der Schulmedizin waren sie die einzige Art sich bei Krankheit Hilfe zu holen. Auch heute noch sind sie für viele Balinesen die erste Anlaufstelle bei gesundheitlichen Problemen und erst wenn keine Besserung eintritt, wird die Schulmedizin zu Rate gezogen.

Ich habe selbst schon die Dienste einiger Heiler in Anspruch genommen. So unterschiedlich die Heiler, so unterschiedlich sind auch ihrer Methoden. Doch eines hatten sie gemeinsam: eine besondere Ausstrahlung. Ich vermute, dass diese Ausstrahlung ein wesentlicher Teil ihrer Wirkung ist – vielleicht sogar eine Voraussetzung dafür, dass ihnen Vertrauen geschenkt wird.

Einige *Balian* binden Gott aktiv in den Heilungsprozess ein. Dabei wird dem Hilfesuchenden häufig eine spirituelle Ursache für sein Leiden genannt – zum Beispiel, dass jemand schwarze Magie angewendet habe oder dass man selbst gegen bestimmte Regeln verstoßen habe. Die „Reinigung" erfolgt dann durch Rituale oder Zeremonien.

Andere Heiler arbeiten mit spezifischen körperlichen Techniken – etwa Abtasten, Massagen, Stimulation von Nervenpunkten oder gezielte Reize auf bestimmte Muskeln und Organe. Manchmal können diese Techniken sehr schmerzhaft sein. So durfte ich die Technik eines Heilers genießen, der auf eine Stelle mit Bewegungsschmerz so lange mit der flachen Hand geschlagen hat, bis sich ein tiefschwarzer Bluterguss gebildet hat. Diese Prozedur sollte die „negative Energie" aus dem Körper holen. Zumindest war mein Bewegungsschmerz weg, als auch der Bluterguss verschwunden war. Allerdings dauerte dies über eine Woche.

Manchmal verordnen Heiler auch eine bestimmte Diät gegen eine Krankheit, insbesondere bei Hauterkrankungen habe ich das schon des Öfteren gehört. Ebenso gibt es Heiler, die in der Natur vorkommende Medizin zum Heilungsprozess einsetzen. Von einige dieser Pflanzenprodukte weiß man heutzutage sogar, dass sie eine positive Wirkung haben, wie z.b. Ingwer, die Blätter des Guavebaums und die Blätter des Merretichbaums (Moringa).

Natürlich gibt es unter den Heilern auch große Qualitätsunterschiede – das ist nicht anders als in der Schulmedizin. Diese auszuprobieren wird in den meisten Fällen keinen Schaden anrichten und hilft den Betroffenen in vielen Fällen sogar. In Bali habe ich gelernt, dass es zwischen Himmel und Erde eben manchmal mehr gibt, als die Wissenschaft erklären kann. Leider habe ich auch negative Erfahrungen berichtet bekommen: Einer balinesischen Freundin wurde von einem *Balian* geraten, ihre HIV-Medikamente abzusetzen. Sie starb später an den Folgen der Krankheit. Solche Fälle zeigen, wie wichtig es ist, traditionelle und moderne Medizin nicht gegeneinander auszuspielen, sondern mit Bedacht zu kombinieren. Und schließlich gibt es auch in der Schulmedizin mal bessere und mal schlechtere Ärzte. Insofern passt eben das Zitat von Hippokrates: „Wer heilt, hat Recht".

13.2 MASSEURE

Ein Bali-Urlaub ohne Massage ist für viele Touristen kaum vorstellbar. Hierbei handelt es sich meist um Wohlfühlmassagen von zierlichen Balinesinnen. Auch Balinesen lassen sich häufiger massieren, allerdings nicht zur Entspannung, sondern bei körperlichen Beschwerden.

Viele balinesische Masseure üben ihren Beruf nur nebenberuflich aus – oft abends, nachdem ihre anderen Pflichten erledigt sind. Die Massagen sind in der Regel kräftig, und es kommt nicht selten vor, dass die Knochen dabei hörbar knacken. Es gibt aber auch Masseure mit recht speziellen Techniken. Das sind dann beispielsweise Massagen, die kombiniert werden mit einer Art Reflexzonentherapie, Akupressur, Nerven- und Muskelstimulation. Solche Massagen werden dann nicht nur bei Verspannungen eingesetzt, sondern sollen auch andere körperliche oder psychische Krankheiten heilen oder lindern. Manche dieser Behandlungen können sehr schmerzhaft sein. Eigentlich bin ich bei Massagen nicht sehr schmerzempfindlich, aber manchmal musste ich sehr tief durchatmen, um nicht laut zu schreien.

Masseure werden auch nicht selten bei Unfällen wie Prellungen und Knochenbrüchen aufgesucht. Ich selbst habe mir mal auf Bali beim Sturz von einer Leiter das Handgelenk gebrochen, was ich zu diesem Zeitpunkt allerdings noch nicht wusste. Danach hatte ich das Vergnügen mein Handgelenk durch einen Masseur wieder gerichtet zu bekommen. Die Massage verursachte unglaubliche Schmerzen und der Heilungsprozess dauerte mehr als einen Monat. Nach einem Monat ließ ich das Handgelenk im Krankenhaus überprüfen und was soll ich sagen. Es war damals gebrochen, ist aber dank der Massage zumindest einigermaßen ordentlich zusammengewachsen.

Auch wenn vieles auf Intuition und Erfahrung beruht, übernehmen Masseure auf Bali eine wichtige Rolle im Gesundheitssystem – vor allem dort, wo moderne medizinische Versorgung schwer zugänglich oder teuer ist.

13.3 Schwanger und die Haare des Mannes

Das war einer meiner ersten Erfahrungen auf Bali, bei der mir mit meinem westlich geprägten Verstand jede Art von Verständnis fehlte. Es hat mich interessiert, ich konnte es aber nicht wirklich ernst nehmen.

Wenn eine Frau schwanger ist, fällt manchmal auf, dass ihr Ehemann plötzlich auffällig lange Haare trägt. Einige Balinesen glauben, dass es für werdende Väter nicht gut sei, sich während der Schwangerschaft ihrer Frau die Haare zu schneiden.

Ich habe im Laufe der Zeit unterschiedliche Begründungen dafür gehört – von der allgemeinen Vorstellung, es bringe Unglück, bis hin zur Erklärung, dass die Haare des Mannes symbolisch mit dem Baby mitwachsen müssten. Ein Haarschnitt könnte demnach bedeuten, dem ungeborenen Kind „etwas abzuschneiden".

Die vernünftigste und pragmatischste Begründung fand ich allerdings, dass die Frau während der Schwangerschaft zunimmt und am Ende der Schwangerschaft für viele Männer nicht mehr so attraktiv wirkt. So soll es dem Mann gleich gehen, wodurch ein Fremdgehen erschwert wird. Gleichzeitig kann eine potenzielle Partnerin an den langen Haaren erkennen, dass der Mann eine schwangere Frau zu Hause sitzen hat und wer will sich schon mit dem schlechten Karma belasten einer schwangeren Frau den Mann auszuspannen.

13.4 Weiteres

Es gibt viele Dinge auf Bali, die einen westlich geprägten Verstand auf eine harte Geduldsprobe stellen können. Gerade beim Bauen tauchen manchmal ungewohnte Schwierigkeiten auf. Und damit meine ich nicht nur, dass für den Baubeginn ein guter Tag ausgesucht und sowohl bei Beginn und bei Fertigstellung eine Zeremonie abgehalten werden muss. Beim Bau unseres ersten Hauses etwa lag den Handwerkern ein klarer Grundriss vor. Als allerdings die Mauern bereits zu einem Drittel hochgezogen waren, fiel auf, dass sich zwei Türen gegenüberlagen. Damit könnten sich zwei Götter auf ihrem Weg treffen und gegenseitig stören. Also musste ein Teil der Mauer wieder eingerissen und die Tür an einer anderen Stelle positioniert werden.

Auch die Ausrichtung der Betten im Schlafzimmer ist nicht beliebig: Sie sollten entweder zum Meer hin oder nach Westen zeigen – auch das muss beim Planen bedacht werden. Nahegelegene Tempel können ebenfalls Einfluss auf die erlaubte Bebauung haben. Und ein Priester riet uns, unser Eingangstor nicht nach Westen, sondern nach Norden auszurichten. Die Länge des Grundstücks wurde durch neun geteilt, und je nachdem, an welcher dieser neun Positionen das Tor liegt, soll sich eine andere Wirkung entfalten: Position 2 bringt Respekt und Ehre, Position 3 viele Kinder, Position 4 viel Geld. Was soll ich sagen? Wir haben drei Kinder. Und vor jeder Geburt hat mein Schwiegervater eine selbstgebaute Schaukel, die an einem Baum hing, rechtzeitig entfernt, da etwas an einem Baum angebundenes den Geburtsprozess behindern könne.

Leicht kommt man in Versuchung über solch einen Glauben etwas abfällig oder mit Unverständnis die Augenbraue zu rümpfen. Vielleicht sollte man sich da aber in Erinnerung rufen, dass die meisten Fluglinien keine Reihe 13 in ihren Flügen anbieten, obwohl die Reihen 13 mit Sicherheit nicht häufiger abstürzen würde als jede andere Reihe. Und viele von uns befolgen bestimmte Rituale oder haben Glücksbringer daheim. Ob dies Sinn macht oder nicht ist da ganz egal. Solange wir daran glauben, hat es auch einen gewissen Einfluss.

14 Eine Auswahl besonderer Tempel

Der Muttertempel *Pura Besakih* und der auf einem Felsen gelegene Tempel *Tanah Lot* gehören zu den bekanntesten und meistbesuchten Tempeln Balis. Sie gehören zum festen Bestandteil vieler Rundreisen und stehen fast immer auf dem Programm von Besuchern, die Bali zum ersten Mal entdecken und sich für die Kultur interessieren. Gerade der Muttertempel *Pura Besakih* hat für die balinesische Bevölkerung eine besondere Bedeutung. Neben dem Haupttempel gibt es dort viele kleinere Bereiche und jeder Familienclan ist mit einem Bereich verbunden.

Beide Tempel sind zweifellos sehenswert. Doch Bali ist reich an spirituellen Orten, von denen viele nicht weniger beeindruckend sind, auch wenn sie seltener besucht werden. Eine kleine, persönliche Auswahl davon möchte ich in diesem Kapitel vorstellen.

14.1 Tempel Menjangan

Die meisten Bali-Reisenden kennen die kleine Insel *Menjangan* im Nordwesten der Insel als Tauch- und Schnorchelparadies. Mit einem motorisierten Boot ist sie in etwa 30 Minuten vom Festland aus erreichbar. Die Insel beherbergt allerdings mehr Schätze, als man auf den ersten Blick vermuten würde. Der Name „Menjangan" bezeichnet übrigens eine Hirschgattung, die auf der Insel heimisch ist.

Des Weiteren gibt es auf der relativ kleinen Insel zehn Tempel bzw. Gebetsplätze. Der erste Tempel ist eine Art kleiner Begrüßungstempel, bei dem um Erlaubnis für den weiteren Gang auf der Insel gebeten wird. Die neun weiteren Pilgerstätten auf der Insel bilden eine Tour. Jede Gebetsstätte hat seine eigene Bedeutung und die Reihenfolge sollte eingehalten werden.

1. Pura Taman Pingit Klenting Sari
2. Perseraman Agung Kebo Iwa
3. Pagoda Agung Dewi Kwan Im
4. Pendopo Agung Dalem Gajah Mada
5. Puncak Penataran Agung Pingit
6. Ida Betara Dalem Lingsir Waturenggong dan Dalem Air Longga
7. Ida Betara Hyang Ganesha
8. Hyang Maha suci Ibu Dewi Parwati
9. Kuil Restiti Santhi Ratu Kanjeng Kidul

An den Gebetsstätten 3 bis 8 begleitet ein Priester die Anbetungen. Dies ist auch sinnvoll, da die Zeremonien zum Teil erheblich von dem gewohnten Ablauf abweichen. An zwei Gebetsplätzen schmiert man sich schwarze Farbe mit einem Finger auf das sogenannte dritte Auge (die Stirn oberhalb der Nase). Dabei wird einmal der Mittelfinger und das andere Mal der Daumen benutzt. Und dreimal erhält man jeweils schwarz, gelb und rot gefärbten Reis, um in auf die Stirn zu kleben. In Gebetsstätte 3 – *Pagode Dewi Kwan Im* – wird sichtbar, dass auch Buddha im balinesischen Hinduismus einen Platz hat.

Zwar ist die dort verehrte Figur nicht identisch mit dem Buddha des Buddhismus, doch ihre Lehren und die zugrunde liegenden Ideen ähneln sich. Der Name „Buddha" bedeutet schlicht „der Erleuchtete". In diesem Fall ist es die Gottheit *Amitabha*, die verehrt wird – eine Erscheinungsform Buddhas. Dort findet sich auch eine Tafel mit 14 Weisheiten, die ich hier sinngemäß übersetzt habe:

NAMO SIWAYA AMITABA (Gebetsstätte 3)

1. Der Menschen ist sich häufig sein größter Feind.
2. Eitelkeit und Überheblichkeit führen häufig zum Scheitern.
3. Unwissenheit betrügt die menschliche Natur am stärksten.
4. Neid ist eine häufige Ursache für Leid und Traurigkeit.
5. Ein großer Fehler ist es, sich selbst zu vernachlässigen.
6. Sich selbst und andere zu täuschen, gilt als schwere Sünde.
7. Fühlt sich ein Mensch minderwertig, ist dies bemitleidenswert.
8. Die beste Eigenschaft eines Menschen ist sein beharrlicher Geist.
9. Das Zerstörerischste für die Menschen ist Verzweiflung.
10. Der größte Schatz eines Menschen ist die Gesundheit.
11. Die größten Schulden eines Menschen hat er gegenüber den guten Taten und Leistungen anderer.
12. Die größten Geschenke eines Menschen sind ein großes Herz und das Verzeihen.
13. Der größte Mangel eines Menschen ist es sich zu beschweren und keine Weisheit zu besitzen.
14. Die größte Ruhe und den größten Frieden finden die Menschen in der Nächstenliebe und der Wohltätigkeit.

Besonders erwähnenswert ist, dass in Gebetsstätte 4 speziell Mutter Erde geehrt und angebetet wird. Gebetsstätte 7 ist *Ganesha* gewidmet und dementsprechend befindet sich hier ein etwa 5 Meter großer *Ganesha*, der in Richtung Meer schaut.

Die neunte und letzte Gebetsstätte ist ein weitläufiger Tempel auf dem höchsten Punkt der Insel. Er besteht aus Bruchstücken weißer Steine, was ihm eine besondere Atmosphäre verleiht. Dieser Ort ist etwas abgelegen und es herrscht eine herrliche Ruhe.

14.2 Tempel Pulaki

Der Tempel *Pulaki* liegt im Nordwesten Balis und ist vor allem bei Zeremonien gut besucht. Auch viele Touristen, die es in diese Region zieht, machen hier gerne Halt. Der Eingang des Tempels wird durch zwei Steinskulpturen in Form von Wildkatzen bewacht.

Rund um den Tempel leben viele Affen. Sie sind zugleich eine Attraktion und eine kleine Herausforderung, mit der die Balinesen auf ihre gewohnt entspannte Art umgehen. Anstatt die Tiere zu vertreiben, wurden wichtige Bereiche einfach eingezäunt. So sieht es schon etwas lustig aus, wenn das Gamelanorchester in einem Gitterkäfig spielt und auch Zeremonien hinter Gittern stattfinden – fast wie in einem umgekehrten Zoo, bei dem nicht die Tiere, sondern die Menschen eingesperrt sind. Im Tempel selbst findet sich ein Steinfresko, welches das Zusammenleben mit den Affen thematisiert: Es zeigt einen hohen Priester gemeinsam mit zwei Affen.

14.3   TEMPEL MELANTING

Nur unweit des Tempels Pulaki liegt der Tempel *Melanting*. Es ist ein wunderschöner großer farbenprächtiger Tempel. Im Hintergrund des Tempels liegen anmutig die Berge. Im Tempel selbst befindet sich ein kleiner Lotusteich. Dächer und Drachenskulpturen sind in kräftigen, lebendigen Farben gestaltet, was dem Tempel eine besondere Ausstrahlung verleiht.

14.4 TEMPEL AUF NUSA PENIDA

Nusa Penida ist eine etwa 20 km lange und 12 km breite Insel südöstlich von Bali und gehört zum Distrikt *Klungkung*. Das Klima auf der Insel ist etwas heißer und weniger feucht als auf Bali, weshalb hier auch kein Reis kultiviert wird, sondern Mais und Getreide. An der Küste Nusa Penidas wird Seetang angebaut, der vorwiegend nach Japan exportiert wird. Von Padang Bai, Sanur und Kusamba aus lässt sich die Insel mit dem Schnellboot erreichen. Die Fahrt dauert 30-45 Minuten und kostet etwa 10€.

Für Balinesen ist die Insel *Nusa Penida* ein Wallfahrtsort. Auf der Insel existieren eine große Anzahl an Tempeln, von denen aber quasi jede Tempeltour die Tempel *Dalem Ped* und *Goa Giri Putri* beinhaltet. Für Touristen ist insbesondere der letztgenannte Tempel eine Attraktion, weil sich der Tempel in einer Höhle befindet.

Auf der Insel ist ein kleines Straßennetz und da Besucher im Allgemeinen ohne Fahrzeug anreisen, bieten etliche Fahrer ihre Transportdienste an. Der Preis ist wie häufig auf Bali Verhandlungssache. Unsere Gruppe zahlte etwa 30€ für die Fahrt zu vier Tempelanlagen und den Rücktransport zum Schiff am nächsten Morgen.

14.4.1 TEMPEL GOA GIRI PUTRI

Der Tempel *Goa Giri Putri* liegt an der Küste im Nordosten der Insel *Nusa Penida* und ist kein gewöhnlicher Tempel, sondern ein beeindruckender Höhlenkomplex. Zur Zeit des Krieges mit den Niederlanden diente die Höhle den Balinesen des Distrikts *Klungkung* sogar als Versteck. Der Zugang zur Höhle erfolgt über einen sehr schmalen Eingang auf einer kleinen Anhöhe.

Um den Eingang der Höhle zu erreichen, müssen aber zunächst einige steile Stufen überwunden werden. Vor dem Eingang wird durch eine kleine Zeremonie der Zutritt zur Höhle erbeten.

In der Höhle befinden sich sechs Gebetsplätze, die nacheinander besucht werden. Zwar existiert eine Beleuchtung in der Höhle, trotzdem ist es sehr dunkel und feucht. Wasser tropft permanent von der Höhlendecke herunter.

Besonders hervorzuheben ist der dritte Gebetsplatz, an dem eine spirituelle Reinigung stattfindet. Dabei wird den Betenden reichlich Wasser über Kopf und Nacken gegossen. Der fünfte Gebetsplatz ist eher optional. Hierfür muss nochmal eine sehr enge Passage nach oben durchquert werden. Dieser Platz eignet sich sehr gut für eine kleine Meditation, allerdings kann dieser Bereich nur einzeln betreten und verlassen werden. Insgesamt haben hier nicht mehr als vier Personen auf einmal Platz.

Bevor man durch einen deutlich größeren Ausgang die Höhle wieder verlässt, besteht am letzten Gebetsplatz die Möglichkeit, sich von einem Priester von negativer Energie reinigen zu lassen. Der Priester hinterlässt hierbei einen schwarzen Punkt aus Farbe auf der Stirn.

14.4.2 TEMPELANLAGE DALEM PED

Die Tempelanlage *Dalem Ped* ist meist die letzte Station auf einer Tempeltour über *Nusa Penida*. So herrscht hier insbesondere gegen Abend reges Treiben. Die Anlage besteht aus vier Tempeln, die auch in der angegebenen Reihenfolge aufgesucht werden sollten:

  I. Tempel Segara,
  II. Tempel Taman,
  III. Tempel Ratu Gede und
  IV. Tempel Penataran Agung

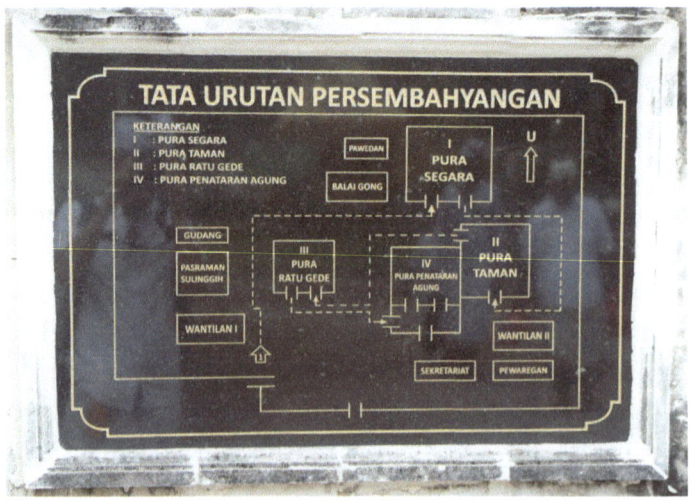

Im ersten Tempel *Segara* wird Gott in der Manifestation *Ida Bhatara Baruna* geehrt, dem Herrscher über Seen und Meere.

Der zweite Tempel *Taman* ist *Hyang Widhi* in Form der Göttin *Gangga* gewidmet. *Gangga* ist die Göttin des Flusses Ganges in Indien, weswegen dieser Tempel auch von Wasser umgeben ist. Das Weihwasser der Göttin Gangga soll helfen begangenen Sünden reinzuwaschen.

Der dritte Tempel dient der Anbetung von *Ratu Gede Mecaling*, einer sehr mächtigen Figur, welche bekannt dafür ist verschiedenste Katastrophen verursachen zu können. Dessen Anbetung und die Darlegung von Opfergaben soll ihn entsprechend besänftigen.

Der vierte und letzte Tempel dient der Verehrung der Göttin des Glücks *Uma* in der Manifestation von *Ida Ratu Mas Maketel*. Sie soll den Menschen dabei helfen einen glücklichen Weg im Leben einzuschlagen.

Die Tempelanlage *Dalem Ped* ist weiträumig und hat eine schöne Atmosphäre. Die meisten Gläubigen übernachten in dieser Tempelanlage und fahren am folgenden Tag wieder mit dem Schnellboot aufs Festland. An Vollmond und an speziellen Feiertagen ist diese Insel sehr stark frequentiert und die Zeremonien laufen im 10 Minutentakt ab. Auf den zwei eigentlich recht großen *Wantilanen* wird der Platz zum Schlafen schnell knapp. Viele Pilger weichen zum Schlafen dann mit Matten auf den Boden in strandnähe aus. Vor dem Tempel befinden sich Toiletten und einige Stände die Essen verkaufen. Eine entspannte Nacht mit erholsamem Schlaf hat hier aber kaum jemand.

14.5 FLEDERMAUSTEMPEL GOA LAWAH

Der Tempel *Goa Lawah* befindet sich im Osten Balis im Distrikt *Klungkung*. Er soll schon im Jahr 1007 n.Chr. von *Mpu Kuturan* errichtet worden sein. *Mpu Kuturan* war einer der ersten Priester und Wegbereiter des balinesischen Hinduismus.

Das Besondere an *Goa Lawah* ist seine Lage direkt am Eingang einer Höhle, die von tausenden Fledermäusen bewohnt wird. Tagsüber hängen die Tiere zu hunderten an der Decke und erfüllen die Höhle mit ihren quietschenden Lauten. Bei Einbruch der Dämmerung schwärmen sie in großen Schwärmen zur Nahrungssuche aus.

Touristen ist das Betreten der Höhle nicht gestattet, was schon aus gesundheitlichen Gründen sinnvoll ist, da der Kot von Fledermäusen viele Krankheitserreger enthält. Die Fledermäuse hört und sieht man allerdings schön am Eingang der Höhle.

Um die Höhle gibt es einige Mythen. So soll das Innere der Höhle kilometerweit in den Berg reichen und eine direkte Verbindung zum Muttertempel *Pura Besakih* bestehen. Der Legende nach sollen in der Höhle zudem zwei Riesenschlangen leben, die die Höhle beschützen.

Da der Tempel sowohl am Meer liegt und gleichfalls einen Eingang zum Berg hat, wird hier Gott in Manifestation des Herrschers des Meeres (*Baruna*) und Herrscher des Berges (*Girinatha*) verehrt.

14.6 Der Tempel Tirta Empul

Der Tempel *Tirta Empul* liegt im Zentrum Balis, im Distrikt *Gianyar*, und zählt für mich zu den schönsten Tempeln der Insel. Im Jahr 962 n.Chr. ließ König *Jaya Singha Warmadewa* aus einer heiligen Wasserquelle einen See errichten. Aus diesem See wurde später die Tempelanlage *Tirta Empul*.

Im Tempel gibt es mehrere Teichbecken, die mit Koi Fischen besiedelt sind. Das Wasser stammt aus einer Quelle, die von unten kommend unmittelbar in einen Teich übergeht. Dies sieht sehr mystisch aus. Das Wasser in diesem See ist kristallklar.

So ist es auch nicht verwunderlich, dass dieses Wasser als heilig angesehen wird und beim Gebetsvorgang mit einbezogen wird. Im Klartext heißt das, man wird nass bis auf die Unterhose und es empfiehlt sich eine komplette Wechselgarnitur dabei zu haben. Der Gebetsvorgang findet direkt im Wasser statt und beinhaltet das Duschen unter mehreren verschiedenen Wasserquellen.

Bei Vollmond und anderen wichtigen religiösen Tagen ist der Andrang hier sehr groß und in den Becken vor den Duschstellen bilden sich lange Schlangen.

14.7 TEMPEL LUHUR ULUWATU

Der Tempel *Luhur Uluwatu* – meist nur kurz *Uluwatu* genannt – zählt zu den bekanntesten Tempeln auf Bali und ist ein beliebtes Ausflugsziel für Touristen. Er liegt im Süden der Insel im Distrikt Badung und ist auf einer 70 m hohen Klippe errichtet.

Er stammt aus dem 11. Jhdt. n.Chr. und zählt damit zu den ältesten Tempelanlagen auf Bali. Die Anlage selbst ist weitläufig und bietet beeindruckende Ausblicke sowie eine mystische Atmosphäre. Der relativ kleine Hauptbereich ist allerdings den Gläubigen zum Beten vorenthalten.

Der Tempel *Uluwatu* ist *Rudra* gewidmet. *Rudra* ist eine Manifestation von *Shiva* als Gott des Windes und als Gott der Jäger. In dieser Gestalt gilt er als Vernichter des Bösen und Beschützer des Gleichgewichts in der Welt.

14.8 TEMPEL TANAH LOT

Tanah Lot ist – nach dem Muttertempel Besakih – der am häufigsten von Touristen besuchte Tempel auf Bali. Besonders bei Sonnenauf- oder Sonnenuntergang sowie bei Flut entfaltet dieser Ort eine ganz besondere Atmosphäre. Der Tempel steht eindrucksvoll auf einem Felsen mitten im Meer und ist nur bei Ebbe zu Fuß erreichbar. Er stammt aus dem 16. Jhdt. und gehört damit eher zu den „jüngeren" Tempeln der Insel.

Der Tempel hat zwar für die Gläubigen durchaus seine Bedeutung allerdings ist diese auch nicht als allzu hoch einzustufen. Es finden sich an diesem Tempel auch mehr Touristen als Gläubige und die ganze Gegend ist mit entsprechenden Ständen, Souvenirs und Wechselstuben auf Touristen ausgelegt.

Auch wenn die Atmosphäre auf *Tanah Lot* insbesondere bei Abenddämmerung dazu einlädt einen romantischen Abend zu verbringen, sollten unverheiratete Pärchen sich dies vielleicht zweimal überlegen Es gibt den Mythos, dass ein gemeinsamer Besuch eines unverheirateten Pärchens, früher oder später zur Trennung führen soll.

14.9 TEMPEL LEMPUYANG

Der Tempel *Lempuyang* liegt im Osten Balis im Distrikt *Karangasem*. Er gilt als der älteste Tempel von Bali und wurde im 8. Jhdt. n.Chr. errichtet. Für Balinesen ist der Tempel Lempuyang deswegen auch von sehr großer Bedeutung.

Genaugenommen handelt es sich auch nicht um einen einzelnen Tempel, sondern um einen Komplex von sieben Tempeln, die sich alle in unterschiedlicher Höhe befinden:

1. Pura Penataran Lempuyang
2. Pura Telaga Emas
3. Pura Telaga Sawang
4. Pura Lempuyang Madya
5. Pura Bisbis
6. Pura Agung
7. Pura Lempuyang Luhur

Der 7. Tempel *Lempuyang Luhur* liegt 1050 m hoch und ist der höchstgelegene Tempel auf Bali. Mittlerweile ist der Weg dorthin einigermaßen ausgebaut, allerdings geht eine Besteigung und der Abstieg doch sehr in die Beine. Belohnt wird man allerdings mit einer außergewöhnlichen Atmosphäre und spektakulären Ausblicken.

14.10 MUTTERTEMPEL (PURA BESAKIH)

Der *Muttertempel Besakih* ist wohl der bedeutendste und bekannteste Tempel Balis. Er liegt auf etwa 950 m Höhe am Südwesthang des heiligen Vulkans *Gunung Agung*. Auch dieser Tempel wurde im 8. Jahrhundert n. Chr. gegründet und ist nach dem Tempel *Lempuyang* der zweitälteste Tempel der Insel.

Ein Besuch des Muttertempels gehört zum Pflichtprogramm eines jeden kulturinteressierten Touristen. Der Name ist hier wörtlich zu nehmen: *Pura Besakih* ist die „Mutter aller Tempel" und dient als spirituelles Zentrum des balinesischen Hinduismus.

Die Anlage besteht aus einem großen Haupttempel, dem *Panataran Agung Besakih*, sowie zahlreichen Nebentempeln, die jeweils verschiedenen Dorfgemeinschaften, Familienclans und spirituellen Gruppen zugeordnet sind. Die gesamte Tempelstruktur ist weitläufig und sehr beeindruckend – insbesondere während großer Zeremonien, wenn Tausende von Gläubigen zusammenkommen.

Aufgrund des großen Andrangs von Touristen ist der Muttertempel mittlerweile auch stark auf den Tourismus ausgerichtet, was sich an vielen Souvenirverkäufern und zum

Teil überteuerten Preisen bemerkbar macht. Zudem zahlen Touristen auch einen Eintrittspreis von etwa 8€.

14.11 TEMPEL PUNDUKDAWA

Der Tempel *Penataran Agung Catur Parhyangan Ratu Pasek*, meist einfach *Pura Pundukdawa* genannt, liegt im Osten Balis im Distrikt Klungkung.

Der Bau dieser imposanten Anlage begann im Jahr 2016 und wurde schrittweise umgesetzt. Der Tempel vereint moderne Architektur mit traditionellen balinesischen Designelementen. Besonders bemerkenswert ist der fünfstöckige Aufzug, der älteren Gläubigen, Menschen mit Behinderungen und Priestern den Zugang zu den verschiedenen Ebenen erleichtert – ein ungewöhnliches, aber praktisches Element in einem balinesischen Tempel.

Pura Pundukdawa ist einer der jüngsten Tempel auf Bali. Während der Bauzeit glich das Gelände zeitweise eher einer riesigen modernen Baustelle mit viel Stahlbeton als einem traditionellen Tempel.

Inzwischen jedoch ist eine beeindruckende Tempelanlage entstanden, die nicht nur der Anbetung dient, sondern auch als Zentrum für spirituelle Bildung und kulturelle Zusammenkünfte fungiert.

15 BASĀ BALI

Auf Bali werden sowohl Indonesisch als auch Balinesisch gesprochen. Indonesisch ist die Amtssprache und nahezu jeder Balinese mit Ausnahme einiger älterer Leute spricht fließend indonesisch. Auch mit Englisch kann man sich auf Bali inzwischen recht gut verständigen. Außerhalb der touristischen Gebiete beschränkt sich die Kommunikation jedoch meist auf einfachen Smalltalk, da die Englischkenntnisse vieler Balinesen dort nicht über ein mittleres Sprachniveau hinausgehen.

Wer sich intensiver mit Einheimischen austauschen möchte, sollte daher Indonesisch lernen. Die indonesische Grammatik ist sehr einfach: Zeitformen werden mithilfe von Zeitangaben gebildet, und Verben werden nicht konjugiert. So heißt z.b. „*Ich gehe morgen in den Zoo*" auf Indonesisch „*Besok saya pergi ke kebun binatang*". Wörtlich übersetzt heißt dies „*Morgen ich gehen nach Garten Tier*".

Wer sich hingegen mit der balinesischen Sprache beschäftigen will, stößt auf größere Herausforderungen. Zum einen ist das Angebot an Lehrmaterialien und Sprachkursen sehr begrenzt, zum anderen unterscheidet Balinesisch zwischen verschiedenen Sprachebenen – je nach sozialem Status des Gegenübers. Für Gespräche mit Personen in höherer Stellung muss daher ein spezielles Vokabular verwendet werden.

15.1 UNTERSCHIEDLICHE SPRACHEBENEN

Im Balinesischen gibt es verschiedene Sprachebenen, die sich ausschließlich durch den verwendeten Wortschatz unterscheiden – die Grammatik bleibt dabei stets gleich. Je nachdem wer der Gesprächspartner ist, gilt es die entsprechende Sprachebenen zu benutzen. Eine Person gehobenen Standes ist mit einem anderen, höflicheren oder feineren Wortschatz anzusprechen, als es unter Freunden, Bekannten und in der Familie üblich ist. Besonders gilt dies im Umgang mit Priestern oder Mitgliedern höherer Kasten.

Viele glauben, es gibt hier nur zwei unterschiedliche Stufen und unterscheiden diese Sprache dann in *basā kasar* (grobe oder gewöhnliche Sprache) und *basā alus* (feine Sprache). In der alltäglichen Praxis ist dies auch eher so anzutreffen, da nur wenige die verschiedenen komplexen Stufen kennen und können. Sprechen Balinesen mit höher gestellten Persönlichkeiten – zum Beispiel einem Priester – entschuldigen sie sich oft im Voraus, dass sie *basā alus* nicht beherrschen und verwenden stattdessen *basā kasar* mit einigen respektvollen Ausdrücken aus der gehobenen Sprache. Wer auf Nummer sichergehen will, wechselt ins Indonesische. Der Wortschatz des gewöhnlichen und des gehobene Balinesisch unterscheidet sich sehr deutlich. Schon allein der Ton und die Melodik sind im gehobenen Balinesisch viel feiner. So heißt zum Beispiel „Verzeihung, ich habe das nicht verstanden" in *basā alus* „Ampurā, titiang tan uning" und in *basā kasar* „Ampurā, tiang sing ngerti".

Wie bereits erwähnt, ist die Unterteilung in nur zwei Ebenen eine vereinfachte Sichtweise. Ähnlich wie die hinduistische Religion oder der balinesische Kalender ist auch die Struktur der balinesischen Sprache sehr komplex. Im Jahr 1974 wurden die unterschiedlichen Sprachebenen formalisiert und in dem Journal *Pesamuhan Agung Bahasa Bali* festgehalten. Der offizielle Begriff für die balinesische Sprache mit ihren verschiedenen Ebenen ist „*Anggah-ungguhing basā Bali*". Es gibt hier vier Hauptunterteilungen der Wörter (*kata*):

1. *Kata alus* – der höchste Sprachstil, verwendet für die Anrede von Priestern oder Angehörigen höherer Kasten. Dieser Stil wird weiter in vier Unterebenen unterteilt:
   a. Kata alus singgih,
   b. kata alus madya,
   c. kata alus mider und
   d. kata alus sor.
2. *Kata mider* – ein neutraler Sprachstil, geeignet für respektvolle Kommunikation mit älteren Menschen oder Fremden, die nicht zur gehobenen Gesellschaftsschicht gehören.
3. *Kata andap* – der gewöhnliche, respektvolle Alltagswortschatz für Gespräche mit Freunden oder Familienmitgliedern.
4. *Kata kasar* – die niedrigste Sprachebene, gilt als grob oder unhöflich und wird im formellen Kontext vermieden.

Diese offizielle Unterteilung findet im praktischen Gebrauch allerdings wenig Anwendung. Wenn wir im nächsten Abschnitt ein paar Wörter und Redewendungen kennenlernen, werden wir uns auf die allgemeine Umgangssprache beschränken, die vielleicht am ehesten dem Level *kata andap* entspricht. Diese benutzen wir aber bitte nicht für die Unterhaltung mit einem Priester oder mit einem Regierungsbeamten. Wenn wir uns unsicher sind, wechseln wir lieber ins Indonesische oder Englische.

Wer nachschlagen möchte, welchem Sprachlevel ein bestimmtes Wort angehört, kann dies auf der Webseite BASAbali Wiki[2] tun.

---

[2] https://dictionary.basabali.org/

15.2 SCHRIFTSPRACHE

Im heutigen Alltag wird die balinesische Sprache vorwiegend in lateinischer Schrift geschrieben – was uns beim Lernen natürlich entgegenkommt. Ursprünglich jedoch wurde sie mit der balinesischen Schrift *Aksara Bali* geschrieben, die wie einige andere Sprachen Mittel- und Südasiens auch, ihre Wurzeln in der altindischen *Brahmi*-Schrift hat. Dadurch weist sie gewisse Ähnlichkeiten mit anderen Schriften der Region auf, etwa der Thai-Schrift.

Die *Aksara Bali* umfasst insgesamt 33 Konsonanten (*Aksara Wianjana*), von denen jedoch viele nur in speziellen Kontexten – beispielsweise in heiligen Texten – verwendet werden. Das Basispaket *Aksara Wresastra* besteht aus lediglich 18 Konsonanten:

Ha	Na	Ca	Ra	Ka	Da	Ta	Sa	Wa

La	Ma	Ga	Ba	Nga	Pa	Ja	Ya	Nya

Gebildet aus den ersten fünf Konsonanten nennt sich dieses Basispaket auch *HaNaCaRaKa*.

Neben diesen Konsonaten gibt es sieben Vokale (*Aksara Suara*):

183

a kara	i kara	u kara	e kara	o kara	ra repa	le lenga

Allerdings werden diese Vokale im normalen balinesischen Sprachgebrauch nicht benutzt, sondern sind meisten nur im religiösen Kontext zu finden. Stattdessen wird der Klang eines Konsonanten durch spezielle Zusatzzeichen verändert, die über, rechts oder links vom Zeichen stehen. Man unterscheidet zwei Arten solcher Zusätze.

1. Pengangge Suara

Diese Zusatzzeichen ändern den Vokal am Ende eines Konsonanten:

Tedong (a)	Ulu (i)	Suku (u)	Taleng (é)	Taleng Tedong (o)	Pepet (ē)

Wenn wir zum Beispiel den Konsonanten *Ha* mit einem *Ulu* versehen, wird daraus ein *Hi* und das *Tedong* erzeugt ein doppeltes a (*Haa*). Das *Taleng* erzeugt ein langes é und das *Pepet* einen kurzen verschluckten ē Laut.

1. Pengangge Tengenan

Die *Pengangge Tengenan* bestehen aus vier Zusatzzeichen. Das *Cecek* ergänzt am Konsonanten ein *ng*, das *Surang* ein *r* und das *Bisah* ein *h*. Das letzte Zeichen – das *Adeg-adeg* – lässt den Vokal am Ende eines Konsonanten verstummen:

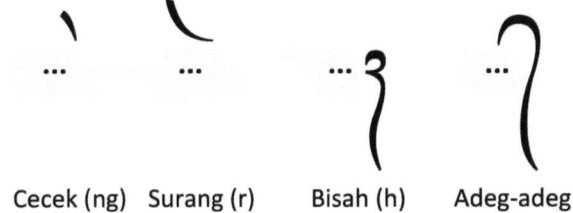

| Cecek (ng) | Surang (r) | Bisah (h) | Adeg-adeg |

Am besten verstehen wir dieses Konzept an einem Beispiel. Betrachten wir das Wort *PaTaMaNa*:

Pa   Ta   Ma   Na

Wird am Konsonanten *Pa* das Zeichen *Ulu* hinzugefügt, entsteht *Pi*. Mit dem gleichen Zeichen wird aus *Ma* ein *Mi*:

Pi   Ta   Mi   Na

Fügen wir am Ende noch ein *Adeg-adeg* hinzu, so entfällt der Vokal „a" nach dem *Na*:

Pi   Ta   Mi   N

Da im Balinesischen das „P" aussprachetechnisch einem „F"
oder „V" ähnelt, erhalten wir das auch im deutschen bekannte
Wort *Vitamin*.

Es existieren noch einige weitere Buchstaben und
Sonderzeichen, die jedoch meist nur in sehr speziellen
Kontexten zur Anwendung kommen.

Auch Zahlen besitzen in der balinesischen Schrift eigene
Symbole – die sogenannten *Angka Bali*:

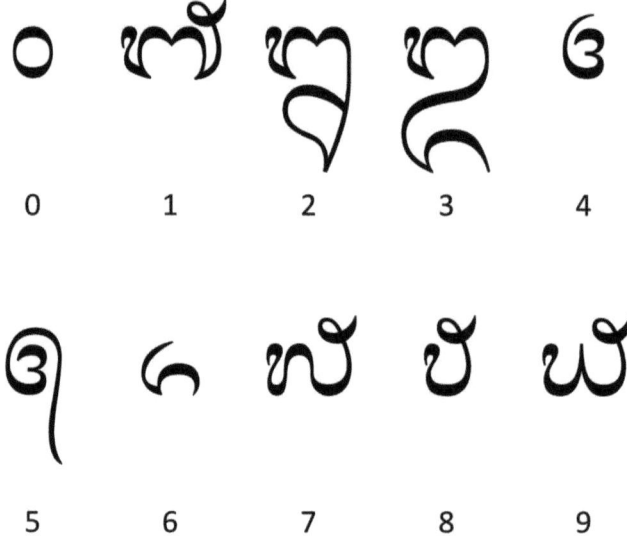

Die Aneinanderreihung der Zahlen folgt aber der uns
gewohnten Dezimalschreibweise.

15.3 AUSSPRACHE

Besonders schwierig ist die Aussprache des Balinesischen nicht.
Die meisten Wörter werden so ausgesprochen, wie im
Deutschen. Gewöhnungsbedürftig sind besonders das *ng* am
Anfang und das *ā* am Ende eines Wortes. Das *ng* am Anfang

wird, sehr weich aber noch hörbar etwa wie in dem deutschen Wort *Wange* ausgesprochen. Das *a* am Ende eines Wortes wird eher verschluckt und gleicht einem sehr kurzen e oder eher sogar noch einem ausklingenden Lufthauch. Das balinesische „adā" für vorhanden sein klingt dann eher so, als würde man „a" und „d" buchstabieren und den Vokallaut beim Konsonanten d weglassen, so wie man häufig Kleinkinder das Alphabet beibringt.

Der nächste Unterschied zum Deutschen ist das „J" und das „Y". Während das „J" wie *„dsch"* ausgesprochen wird, spricht sich das „Y" wie das deutsche „J". *Jakarta* und *Java* werden also *„Dschakarta"* und *„Dschava"* ausgesprochen und Wayang wie *„Wajang"*.

Ein weiteres Merkmal ist das gerollte R. Während wir im Deutschen meist das „R" aus dem Rachen bilden, benutzen die Balinesen hierfür die Zungenspitze. Zum Üben hilft es, schnell zwischen den Konsonanten „t" und „d" hin und her zu wechseln und dabei auszuatmen, bis die Zunge automatisch zu vibrieren beginnt.

Es gibt noch weitere kleiner Unterschiede, die meisten sind aber kleiner Nuancen oder betreffen die Betonung. So werden die Wörter im Balinesischen beispielsweise eher auf der letzten Silbe betont.

15.4 GRAMMATIK

Die Grammatik der balinesischen Sprache ist insgesamt nicht sehr kompliziert. Ein einfacher Satz folgt meist dem Schema:

Subjekt - Prädikat [- Objekt]

Für Verben gibt es keinerlei Konjugation und unterschiedliche Zeitformen. Auch Substantive kennen weder Fälle noch Artikel. Dadurch entstehen sehr einfache Strukturen wie:

Tiang mādaar.
Ich esse.

Iā mādaar.
Er isst.

Tiang meli buah-buahan.
Ich kaufe Früchte.

Mémé tiangé meli buah-buahan.
Meine Mutter kauft Früchte.

Am letzten Satz sehen wir, dass die **Possessivpronomen** im Balinesischen nachgestellt werden – im Gegensatz zum Deutschen, wo sie vor dem Substantiv stehen.

Zeitformen werden einfach durch entsprechende Zeitwörter oder Zeitangaben ausgedrückt. Für eine bereits abgeschlossene Handlung wird zum Beispiel das Wort subā (bereits, schon) verwendet:

Tiang subā mādaar.
Ich habe bereits gegessen.

Im alltäglichen Sprachgebrauch wird subā meist verkürzt zu bā, und dann lässt man auch das Personalpronomen weg:

Bā mādaar.
Ich habe bereits gegessen.

Andere Zeitformen entstehen durch ähnliche Zeitangaben oder Kontextwörter. Zum Beispiel:

Mani tiang meli beras.
Morgen ich kaufe Reis.

Zeitvokabeln:
dibi – gestern
jani – heute, jetzt
mani – morgen
enden malu – später
subā – bereits, schon

Präpositionen werden im Balinesischen einfach vorangestellt, ähnlich wie im Deutschen:

Tiang mājalan kā pasih.
Ich gehe zum Strand.

15.5 PERSONALPRONOMEN UND POSSESSIVPRONOMEN

Die **Personalpronomen** im Balinesischen lauten wie folgt:

tiang – ich
ragané – du
iā – er/sie/es
i ragā – wir (exkl.)
i ragā makejang – wir (inkl.)
nyamā makejang – ihr
dané – sie

Besonders nützlich, aber anfangs etwas **ungewöhnlich**, ist die Unterscheidung zwischen zwei Formen von **„wir"**. Wenn ich im deutschen zum Beispiel zu einem Bekannten sage, *„Später gehen wir etwas essen"*, weiß dieser nicht unbedingt, ob er jetzt mitkommen darf oder soll. Es kann auch sein, dass der Sprecher einfach mit anderen Freunden etwas essen gehen will. Im

Balinesischen würde ich entweder „*Nyanan i ragā makejang mādaar*" sagen, wenn der Angesprochene ebenfalls gemeint ist oder „*Nyanan i ragā mādaar*", wenn dieser ausgeschlossen ist.

Die **Possessivpronomen** werden dem zugehörigen Wort nachgestellt und sind fast identisch mit den Personalpronomen:

tiang – mein
ragané – dein
iané – sein/ihr
i ragā – unser (exkl.)
i ragā makejang – unser (inkl.)
nyamā makejang – euer
danéné – ihr

Für „sein" oder „ihr" wird im Alltag meist einfach **-né** an das entsprechende Wort angehängt:

méméné – seine Mutter

15.6 WÖRTER & REDEWENDUNGEN

Eine umfassende Einführung in die balinesische Sprache kann ich an dieser Stelle natürlich nicht bieten. Zum einen sind meine eigenen Kenntnisse eher grundlegend, zum anderen lernt man eine Sprache ohnehin am besten durch praktisches Anwenden.

Mein Ziel ist es daher, eine kleine Basis zu schaffen, um die balinesische Kommunikation besser zu verstehen – und vielleicht lässt sich die eine oder andere Redewendung ja beim nächsten Bali-Urlaub anwenden.

190

15.6.1 Begrüssung und Vorstellung

Beginnen wir mit einem kleinen Dialog zum Kennenlernen:

Wayan:
> **Halo.** – Hallo.

Peter:
> **Halo.** – Hallo.

Wayan:
> **Nyen adané?** – Wie heißt du?

Peter:
> **Adan tiangé Peter.** – Ich heiße Peter.
> **Nyen adané?** – Wie heißt du?

Wayan:
> **Adan tiangé Wayan.** – Ich heiße Wayan.

Ein typischer kleiner Smalltalk am frühen Morgen, z.b. mit dem Kellner im Hotel, könnte wie folgt lauten:

Wayan:
> **Rahajeng Semeng.** – Guten Morgen.
> **Kénkén kabaré?** – Wie geht es dir?

Peter:
> **Becik becik.** – Mir geht es gut.
> **Kénkén kabaré?** – Wie geht es dir?

Wayan:
> **Becik becik.** – Auch gut.

Anstatt „*becik becik*" für „*mir geht es gut*" können wir auch mit „*luung*" antworten, das ist umgangssprachlicher. *Becik* ist etwas formal, allerdings bei einer Kommunikation mit einem Hotelangestellten passender.

Vokabeln:

rahajeng semeng – guten Morgen
rahajeng siang – guten Mittag
rahajeng soré – guten Abend
nyen – wer
adan – Name
Kénkén kabaré? – Wie geht es dir?
sing – nein
iya – ja
[matur] suksmā – danke
becik/luung – gut
jelék – schlecht
kuangan becik – weniger gut

Wenn es Balinesen nicht gut geht, sagen sie meist nicht direkt, dass es ihnen schlecht geht. Stattdessen antworten sie höflich, z. B. mit „gut" oder – wenn überhaupt – mit „weniger gut".

15.6.2 EINKAUFEN

Wenn wir unterwegs sind und etwas kaufen oder essen wollen, werden die wenigsten Balinesen erwarten, dass wir die Bestellung auf balinesisch tätigen. Meistens erwarten Sie von Touristen Englisch oder maximal Indonesisch. Wenn Sie die Bestellung auf balinesisch machen, werden sie höchstwahrscheinlich ein breites überraschtes Lächeln sehen.

Kellner:
　　Rahajeng siang. – Guten Tag.
　　Ngalih apā? – Was hätten sie gerne?
Peter:
　　Rahajeng siang. – Guten Tag.

Tiang méli nasi goreng. – Ich hätte gerne gebratenen Reis.

Kellner:

Minumé apā? – Was wollen sie trinken?

Peter:

Jus juuk. – Orangensaft.

Kellner:

Apā buin? – Sonst noch etwas?

Peter:

Sing. Suksmā. – Nein, danke.

Kleine Kulturinfo

Im Indonesischen und Balinesischen gibt es verschiedene Wörter für Reis, je nach Zustand:

Padi – die Pflanze auf dem Feld
Beras – roher, ungekochter Reis
Nasi – gekochter Reis

Einkaufen ist ein gutes Training, um eine Sprache zu lernen:

Peter:

Adā poh? – Gibt es Mango?

Verkäufer:

Iya, adā. – Ja, gibt es.
Kudā ngalih? – Wieviel wollen Sie?

Peter:

A kilo cukup. – Ein Kilo reicht.

Verkäufer:

Ené pohé. – Hier bitte.
Apā buin? – Sonst noch etwas?

Peter:

Sing. – Nein.
Aji kudā ne. – Was kostet das?

Verkäufer:
30.000 Rp. – Das macht 30.000 Rupiah.

Der obige Dialog ist eine umgangssprachliche Ausdrucksweise, die beispielsweise auf dem Markt im Dorf benutzt wird. Wenn wir eine Person nicht kennen und auf einem Markt in einer größeren Stadt unterwegs sind, wäre es höflicher „Wénten poh?" anstatt „Adā poh?" zu sagen. Ich denke mal als Tourist wird einem so etwas gerne verziehen und „Wénten" klingt schon sehr formal.

Und manchmal muss man natürlich auch verhandeln:

Peter:
Aji kudā gambaré niki? – Was kostet das Gemälde?
Verkäufer:
500.000 Rp. – 500.000 Rupiah.
Peter:
Mael niki. – Das ist aber teuer.
Dadi kuang? – Können sie mit dem Preis noch runtergehen?
Verkäufer:
Ok, 400.000 Rp. – Ok, 400.000 Rupiah
Peter:
Nah, tiang nyemak gambaré ene. – Gut, dann nehme ich das Gemälde.

Und nach einem Einkauf darf das Essen gehen nicht fehlen:

Made:
Subā medaar? – Hast du schon gegessen?
Peter:
Konden. – Noch nicht.
Tiang seduk. – Ich bin hungrig.

Made:
Mai! Medaar. – Komm! Laß uns etwas essen.
Ditu adā restoran cenik. – Dahinten ist ein kleines Restaurant.

Peter:
Luung, tiang masih bedak. – Gut, durstig bin ich nämlich auch.

Vokabeln (Einkaufen):

kudā – wieviel
ngalih – suchen
apā – was
buin – mehr
aji – Preis
niki – dies
mael – teuer
dadi – dürfen
kuang – weniger
nyemak – nehmen
gambar – Bild
ene – dies
kondén – noch nicht
seduk – hungrig
Mai! – Komm!
medaar – essen
ditu – dahinten
restoran – Restaurant
cenik – klein
luung – gut (gute Idee)
masih – auch
bedak – durstig

15.6.3 RICHTUNGEN UND ORTSANGABEN

Eine der häufigsten Fragen, die von Freunden und Bekannten gestellt wird, wenn man irgendwo vorbeikommt, ist: „Wohin gehst du?" („Lakar kijā?"). Diese Frage ist meist eher als Höflichkeitsform zu verstehen, um Interesse zu zeigen, und weniger als Ausdruck ernsthafter Neugier. Am einfachsten antworten wir darauf mit „Einfach zum Vergnügen spazieren gehen" (*„Mālali"*). Auch die Frage *„Woher kommst du?"* (**„Uli dijā?"**) kann auf ähnliche Weise beantwortet werden.

Made:
>   **Lakar kijā?** – Wohin gehst du?

Peter:
>   **Mālali.** – Ich gehe spazieren.

Die meisten Ortsangaben werden auf Bali nicht mit „rechts" und „links" beschrieben, sondern anhand der Himmelsrichtungen. Das kann manchmal ein bisschen gewöhnungsbedürftig sein, weil wir als Touristen nicht immer wissen, wo die entsprechende Himmelsrichtung ist.

Vokabeln (Ortsangaben):
>   **kijā** – wohin
>   **Lakar kijā?** – Wohin willst du?
>   **dijā** – wo
>   **Uli dijā?** – Woher kommst du?
>   **kajā** – Norden
>   **bedelod** – Süden
>   **kauh** – Westen
>   **kangin** – Osten
>   **kébot** – links
>   **tengawan** – rechts
>   **tegeh** – oben

di betén – unten
ke malu – vorwärst
ke kuri – rückwärst

Mit den Himmelsrichtung Norden und Süden wird es sogar noch ein bisschen verwirrender. Im Süden von Bali meint *kajā* die Himmelrichtung Norden wohingegen im Norden Balis (*Buleleng*) *kajā* die südliche Himmelsrichtung meint. *Kajā* hat also hier eher die Bedeutung von in Richtung der Berge und *bedelod* in Richtung des Meeres.

15.6.4 FRÜCHTE

In Bali gibt es eine breite Palette an Früchten. Am meisten kontrovers ist mit Sicherheit die Stinkfrucht *Durian*. Ein bisschen zu Unrecht, wie ich finde. Wenn du die Gelegenheit hast eine gute Durian zu probieren, solltest du sie nutzen. Ich empfehle für den Anfang allerdings unbedingt die Sorte *Durian Bangkok* oder *Durian Kane*. Die Sorte *Durian Bali* hat einen deutlich stärkeren Geruch und liegt oft schwerer im Magen.

Wayan:
　　Demen teken buah? – Magst du Früchte?
Peter:
　　Iya, tiang demen ken sumangkā. – Ja, am liebsten mag ich Wassermelone.

In Bali gibt es sehr viele Früchte. Allein von Bananen gibt es über 10 Sorten. Das Angebot ist meist saisonabhängig. Die Preise von Früchten wie Äpfel gehen vor religiösen Festlichkeiten stark in die Höhe, da diese auch für Opfergaben benötigt werden.

Vokabeln (Früchte):

buah – Früchte
biu – Banane
poh – Mango
sumangkā – Wassermelone
manas – Ananas
juuk – Mandarine
anggur – Traube
gedang – Papaya
salak – Schlangenfrucht
manggis – Manggosteen
duren – Durian (Stinkfrucht)
nyuh – Kokosnuss
kuud – junge Kokosnuss

15.6.5 GEMÜSE

Die Auswahl an Gemüse auf den Märkten ist oft gar nicht so groß wie man erwarten würde. Am häufigsten nutzen die Balinesen in der Küche Kohl, Auberginen, Knoblauch und kleine rote Zwiebeln.

Vokabeln (Gemüse):

sayur – Gemüse
wortel – Karotten
tomat – Tomaten
tuung – Aubergine
paprika – Paprika
tabie – Chili
kul – Kohl
brokkoli – Brokkoli
bawang – Zwiebel
kesunā – Knoblauch

15.6.6 Fleisch, Fisch, Tofu und Tempeh

In Bali ist das Essen in Warungs oder Restaurants oft stark auf Fleisch oder Fisch ausgerichtet. Vegetarisches essen ist eher die Ausnahme außer vielleicht in Ubud, was allerdings dem hohen Teil an gesundheitsbewussten Touristen hier geschuldet ist. Allerdings fallen die Fleischportionen meist deutlich kleiner aus als in Deutschland. Neben Tofu gibt es hier auch eine weitere fleischfreie Alternative: *Tempeh*, ein fermentiertes Sojaprodukt mit fester Konsistenz und nussigem Geschmack.

Made:
> **Lakar mādaar?** – Willst du was essen?

Peter:
> **Iya, apā adā?** – Ja, was gibt es denn?

Made:
> **Be siap mepanggang.** – Gegrilltes Hähnchen.

Peter:
> **Tiang sing naar daging** – Ich esse kein Fleisch

Made:
> **Sing kénkén, adā tahu, tempe jak sayur.** –
> Kein Problem. Es gibt auch Tofu, Tempeh und Gemüse.

Vokabeln (Fleisch, Fisch, Tofu, Tempeh):
be pasih – Fisch
daging babi – Schwein
be siap – Hühnchen
be sampi – Rind
tahu – Tofu
tempé – Tempeh

15.6.7 TIERE

Hunde und Katzen gehören zu Bali genauso wie Hühner, Mücken und Geckos.

Vokabeln (Tiere):
- **kuluk** – Hund
- **miong** – Katze
- **ayam** – Huhn
- **toké** – Gecko
- **cicak** – kleine Echsenart
- **kupu kupu** – Schmetterling
- **lelawah** – Fledermaus
- **kekook** – Kakerlake
- **legu** – Mücke
- **buyung** – Fliege

15.6.8 ZAHLEN

Die Zahlen im Balinesischen unterscheiden sich deutlich von denen im Indonesischen. Nur vereinzelt lassen sich Ähnlichkeiten erkennen, etwa zwischen *pat* (vier) und *empat* im Indonesischen.

1 – **besik**	11 – **solas**
2 – **duā**	12 – **roras**
3 – **telu**	13 – **telulas**
4 – **pat**	14 – **patbelas**
5 – **limā**	15 – **limolas**
6 – **nem**	16 – **nembelas**
7 – **pitu**	17 – **pitulas**
8 – **kutus**	18 – **pelekutus**
9 – **siā**	19 – **singolas**
10 – **dasā**	20 – **duang dasā**

15.6.9 Sonstiges

Zum Abschluss noch ein paar nützliche Redewendungen und häufig gebrauchte Sätze, die im Alltag hilfreich sein können:

Tiang tresna ajak adi. – Ich liebe dich.
Ngudiang? – Was machst du?
Sing kénkén. – Macht nichts.
Ngidih tulung. – Helfen sie mir.
Tiang pamit. – Ich bitte gehen zu dürfen.
Ené jaen. – Das ist lecker.
Dijā adā ...? – Wo gibt es ...?
Dadi nawah? – Kann man handeln?

Wie bereits mehrfach erwähnt, sind die meisten hier aufgeführten Begriffe umgangssprachlich und werden in der alltäglichen Kommunikation verwendet.

Um auf Nummer sicher zu gehen, ist es nicht schlecht auch ein paar häufig benutzte Wörter in gehobenem Balinesisch zu kennen. Wenn ich jemanden nicht kenne, kann ich dann diese benutzen. Sie zeigen Respekt und guten Willen.

Gibt es ...?
umgangssprachlich: **Adā** ...?
gehoben: **Wentén** ...?

Darf ich ...?
umgangssprachlich: **Dadi** ...?
gehoben: **Dados** ...?

Was ist ...?
umgangssprachlich: **Apā** ...?
gehoben: **Napi** ...?

Ja

    umgangssprachlich: **Iya**

    gehoben: **Inggih**

Danke

    umgangssprachlich: **(Teri)ma kasih**

    gehoben: **Matur suksmā**

gut

    umgangssprachlich: **luung**

    gehoben: **becik**

ÜBER MICH

Ich bin Diplom-Informatiker und seit über 15 Jahren als Laboringenieur, wissenschaftlicher Mitarbeiter und Lehrbeauftragter im Hochschulbereich tätig. Meine Schwerpunkte liegen in den Bereichen Programmierung, Netzwerktechnik und Sensortechnik. 2014 habe ich als Koautor das Fachbuch *Drahtlose Sensornetzwerke* veröffentlicht.

Daher mag es auf den ersten Blick überraschend wirken, dass ich mich mit einem Thema beschäftige, das weit entfernt von meinem beruflichen Fachgebiet liegt. Doch meine Verbindung zu Bali reicht weit zurück: 2002 besuchte ich die Insel zum ersten Mal – und wie viele andere war ich sofort fasziniert. Vielleicht gerade, weil Bali in so vielen Dingen anders „funktioniert" als die wissenschaftlich geprägte Welt, aus der ich komme.

Die Insel ließ mich nicht mehr los. 2007 verliebte ich mich in eine Balinesin, die ich 2009 heiratete. Seither ist die balinesisch-hinduistische Religion ein Teil meines Lebens. Gemeinsam mit meiner Frau haben wir ein Haus auf Bali gebaut, lebten zunächst jedoch überwiegend in Deutschland.

2015 kam unser erstes Kind zur Welt. Zwei Jahre später entschieden wir uns, unseren Lebensmittelpunkt für sieben Jahre nach Bali zu verlegen. In dieser Zeit bekamen wir zwei weitere Kinder. 2020 entstand auf unserem Grundstück im Dorf Tejakula eine zusätzliche Villa[3], die wir vermieten.

2024 kehrten wir nach Deutschland zurück – vor allem, damit unsere Kinder auch diese Kultur kennenlernen können. Natürlich vermissen wir Bali, hoffen aber, bald wieder dorthin reisen zu können. Gleichzeitig ist es spannend zu beobachten, wie unsere Kinder in Deutschland aufblühen und neue

---

[3] Villa MaLiNa (Tejakula): https://www.villa-malina.com/

Erfahrungen sammeln. Die bildungstechnischen Möglichkeiten sind hier deutlich größer als auf Bali – und wir sind neugierig, wohin uns dieser Weg noch führen wird.

DANKSAGUNG

Mein herzlicher Dank gilt allen Balinesinnen und Balinesen, die meine manchmal doch sehr deutsche Art mit Geduld und Nachsicht ertragen haben. Einer dieser besonderen Menschen war mein leider bereits verstorbener Schwiegervater *Ketut Sekar*, der mir viel über das Leben auf Bali beigebracht hat.

Ein besonderer Dank geht an *Jero Dalang Gede Sugiantara*, einen herausragenden Schattenspieler mit einem tiefen Wissen über das *Mahabharata* und *Ramayana*. Er hat sich viel Zeit genommen, um meine zahlreichen Fragen zu beantworten, mir beim Schattenspiel Modell gestanden und mir die Möglichkeit gegeben viele Instrumente eines Gamelans zu fotografieren.

Ich danke meiner Schwägerin *Nengah*, die für Fotos kunstvoll Opfergaben arrangiert hat, und ihrem Mann, dem Priester *Jero Mangku Desa*, der mich beim zeremoniellen *Baris*-Tanz im Dorftempel nach vorne geholt hat, damit ich in Ruhe fotografieren konnte.

Die meisten Zeichnungen im Buch entstanden mit Unterstützung von *Komang Widya Putra*. *Komang* war damals noch Schüler der zwölften Klasse, und seine künstlerischen Fähigkeiten sind für sein Alter wirklich beeindruckend.

Ein großes Dankeschön auch an *Made Arnaye*, der uns beim Hausbau zur Seite stand und mit dem ich viele tiefgründige, philosophische Gespräche führen durfte. Er hat zahlreiche meiner Fragen beantwortet – oder mir zumindest geholfen, Antworten zu akzeptieren, auch wenn sie sich meiner rationalen Weltsicht entzogen.

Viele weitere Menschen haben zur Entstehung dieses Buches beigetragen. Auch wenn ich sie hier nicht alle namentlich nennen kann, gilt ihnen mein aufrichtiger und herzlicher Dank.

Ganz besonders danke ich meiner Frau, die nicht nur für einige Bilder Modell stand und mir bei offenen Fragen zur Seite stand, sondern mir auch den Rücken freigehalten hat – vor allem, indem sie sich liebevoll um unsere drei Kinder gekümmert hat.

Und schließlich ein Dank an alle, die uns geholfen haben, in Deutschland wieder Fuß zu fassen. Dieser Schritt fiel uns nicht leicht – ohne Unterstützung wäre er kaum zu bewältigen gewesen.

Matur Suksma

LITERATURVERZEICHNIS

Addiny, F. A. (30. 09 2019). *LEZ GET REAL-Tari Legong*. Von
    http://www.lezgetreal.com/tari-legong/ abgerufen
Alukta, H. (16. 09 2019). *Struktur Pura yang Benar*. Von
    https://hindualukta.blogspot.com/2015/12/struktu
    r-pura-yang-benar.html abgerufen
BabadBali. (16. 08 2019). *Upacara bayi umur 12 hari*. Von
    http://www.babadbali.com/canangsari/banten/12
    hari.htm abgerufen
BabadBali. (16. 08 2019). *Upacara kambuhan (umur 42
    hari)*. Von
    http://www.babadbali.com/canangsari/banten/ka
    mbuhan.htm abgerufen
Bali Travel News. (29. 02 2020). *Tanah Lot Punya Mitos*. Von
    https://bali-travelnews.com/2018/02/06/tanah-
    lot-punya-mitos/ abgerufen
Baliexpresss. (27. 02 2020). *Pura Dalem Ped*. Von
    https://baliexpress.jawapos.com/read/2017/08/05
    /5845/pura-dalem-ped-gede-macaling-kuasai-
    darat-laut-dan-wong-samar abgerufen
Balitoursclub. (28. 08 2019). *Pernikahan adat di Bali*. Von
    https://www.balitoursclub.net/pernikahan-adat-di-
    bali/ abgerufen
Balitoursclub. (27. 08 2019). *Upacara Potong Gigi di Bali*.
    Von https://www.balitoursclub.net/upacara-
    potong-gigi-di-bali/ abgerufen
Balitoursclub. (28. 02 2020). *Sejarah Pura Goa Lawah*. Von
    https://www.balitoursclub.net/sejarah-pura-goa-
    lawah/ abgerufen
Bobo.id. (27. 08 2019). *5 Fakta Upacara Potong Gigi di Bali,
    Salah Satu Kewjiban Orangtua kepada Anaknya*.
    Von https://bobo.grid.id/read/08682723/5-fakta-
    upacara-potong-gigi-di-bali-salah-satu-kewajiban-
    orangtua-kepada-anaknya abgerufen

Cokorda Putra Wisnu Wardana, Sosro Hartono, Ketut Sumartawan, Putu Subakat, Putu Gede Suata, Ketut Sukayasa, & Wayan Gunawan. (2008). *Semara Ratih: Pendidikan Agama Hindu 1-6.* Tri Agung.

Dewa Artana, Putu Suata, Gusti Widana, & Cokorda Putra Wisnu. (2014). *Pendidikan Agama Hindu dan Budi Pekerti Kelas 1-6.* Duta.

ihategreenjello.com. (28. 02 2020). *Destinasti Keindahan Wisata Pura Goa Lawah di Dawan Klungkung Bali.* Von https://ihategreenjello.com/destinasti-keindahan-wisata-pura-goa/ abgerufen

InputBali. (16. 08 2019). *Makna dan Cara Pelaksaan Siwaratri dalam Hindu-Bali.* Von https://inputbali.com/budaya-bali/makna-dan-cara-pelaksaan-siwaratri-dalam-hindu-bali abgerufen

InputBali. (15. 08 2019). *Makna dan Renungan dalam Hari Raya Pagerwesi.* Von http://inputbali.com/budaya-bali/makna-dan-renungan-dalam-hari-raya-pagerwesi abgerufen

InputBali. (12. 08 2019). *Makna Hari Raya Kuningan Dalam Hindu & Waktu Tepat Untuk Sembahyang.* Von http://inputbali.com/budaya-bali/makna-hari-raya-kuningan-dalam-hindu-waktu-tepat-untuk-sembahyang abgerufen

InputBali. (12. 08 2019). *Memahami Makna Banyu Pinaruh dalam Hindu.* Von https://inputbali.com/budaya-bali/memahami-makna-banyu-pinaruh-dalam-hindu abgerufen

InputBali. (27. 08 2019). *Memahami Makna dan Tujuan Upacara Potong Gigi.* Von https://inputbali.com/budaya-bali/memahami-makna-dan-tujuan-upacara-potong-gigi abgerufen

Kalender Bali. (2019. 08 14). *Makna Hari Raya Nyepi.* Von http://kb.alitmd.com/makna-hari-raya-nyepi/ abgerufen

Kalender Bali. (19. 08 2019). *Upacara Tiga Bulanan Dan Otonan.* Von http://kb.alitmd.com/upacara-tiga-bulanan-dan-otonan/ abgerufen

kalenderbali.org. (13. 08 2019). *Kalender Bali Digital.* Von http://www.kalenderbali.org/ abgerufen

kamerabudaya.com. (29. 09 2019). *Tari Rejang, Tarian Tradisional Khas Bali.* Von https://www.kamerabudaya.com/2016/11/tari-rejang-tarian-tradisional-khas-bali.html abgerufen

Kaya, I. (30. 09 2019). *Tari Legong Lasem.* Von https://www.indonesiakaya.com/jelajah-indonesia/detail/tari-legong-lasem abgerufen

Kulo, B. (28. 09 2019). *Tari Pendet, Bali.* Von https://blogkulo.com/tari-pendet-bali/ abgerufen

Mantra Hindu Bali. (16. 08 2019). *Siwalatri : Pengertian, Tatacara Brata dan Waktu Pelaksanaan.* Von http://www.mantrahindu.com/siwalatri-pengertian-tatacara-brata-dan-waktu-pelaksanaan/ abgerufen

Mantra Hindu Bali. (16. 08 2019). *Upacara Macolongan "1 Bulan 7 Hari (42 hari)".* Von http://www.mantrahindu.com/upacara-macolongan-1-bulan-7-hari-42-hari-bayi-baru-lahir/ abgerufen

Mantra Hindu Bali. (20. 08 2019). *Upacara Satu Oton Bayi Dalam Agama Hindu.* Von http://www.mantrahindu.com/upacara-satu-oton-bayi-agama-hindu/ abgerufen

nationalisme. (20. 08 2019). *Ini Upacara Satu Oton Manusia Yadnya di Bali.* Von http://www.nasionalisme.co/upacara-satu-oton-manusia-yadnya-bali/ abgerufen

Peter, B. (13. 08 2019). *Kalender und Zeitrechnung: Der Saka-Kalender in Bali.* Von http://www.kultur-in-asien.de/Kalender/seite220.htm abgerufen

Roma Decade. (09. 10 2019). *Alat Musik Gamelan*. Von
https://www.romadecade.org/alat-musik-gamelan/
abgerufen

SatyaWedha. (27. 02 2020). *Ratu Gede Mecaling*. Von
https://yanartha.wordpress.com/ratu-gede-
mecaling/ abgerufen

Spirit, S. (28. 09 2019). *Pendet*. Von http://www.sunda-
spirit.com/bali-lexikon/lexikon-p/bali-lexikon-
pendet/ abgerufen

Suardana, K. D. (03. 10 2019). *Now Bali - Sanghyang Jaran*.
Von https://nowbali.co.id/sanghyang-jaran/
abgerufen

Tours, B. C. (27. 02 2020). *Penataran Ped Temple or Pura
Dalem Ped in Nusa Penida Island*. Von
https://balicheapesttours.com/penataran-ped-
temple.html abgerufen

Tribun-Bali. (20. 08 2019). *13 Upacara yang Mesti
Dilaksanakan Orang Bali, Dari Dalam Kandungan
hingga Meninggal*. Von
https://bali.tribunnews.com/2019/05/14/13-
upacara-yang-mesti-dilaksanakan-orang-bali-dari-
dalam-kandungan-hingga-meninggal?page=all
abgerufen

Utusan, J. (12. 09 2019). *babadbali.com*. Von Pura Merajan:
http://www.babadbali.com/pura/plan/merajan.ht
m abgerufen

Vidya, Y. (23. 03 2025). *Yogawiki - Maitri, Karuna, Mudita,
Upeksa*. Von https://wiki.yoga-vidya.de/ abgerufen

villa-bali.com. (29. 08 2019). *Eka Dasa Rudra- Once in a
hundred years*. Von https://www.villa-
bali.com/guide/eka-dasa-rudra-years/ abgerufen

Vyasa. (kein Datum). *Mahabarata*. Pustaka Jaya.

Wikipedia de. (17. 09 2019). *Mahabharata*. Von
https://de.wikipedia.org/wiki/Mahabharata
abgerufen

Wikipedia de. (26. 09 2019). *Ramayana.* Von
https://de.wikipedia.org/wiki/Ramayana abgerufen

Wikipedia de. (29. 02 2020). *Pura Lempuyang Luhur.* Von
https://de.wikivoyage.org/wiki/Pura_Lempuyang_L
uhur abgerufen

Wikipedia en. (13. 08 2019). *Balinese saka calendar.* Von
https://en.wikipedia.org/wiki/Balinese_saka_calend
ar abgerufen

Wikipedia en. (28. 09 2019). *Kecak.* Von
https://en.wikipedia.org/wiki/Kecak abgerufen

Wikipedia en. (20. 02 2020). *Meru tower.* Von
https://en.wikipedia.org/wiki/Meru_tower
abgerufen

Wikipedia en. (08. 01 2020). *Swastika.* Von
https://en.wikipedia.org/wiki/Swastika abgerufen

Wikipedia id. (24. 07 2019). *Galungan.* Abgerufen am 29. 07
2019 von https://id.wikipedia.org/wiki/Galungan

Wikipedia id. (12. 08 2019). *Kuningan.* Von
https://id.wikipedia.org/wiki/Kuningan_(hari_raya)
abgerufen

Wikipedia id. (19. 08 2019). *Nelu Bulanin.* Von
https://id.wikipedia.org/wiki/Nelu_Bulanin
abgerufen

Wikipedia id. (14. 08 2019). *Nyepi.* Von
https://id.wikipedia.org/wiki/Nyepi abgerufen

Wikipedia id. (15. 08 2019). *Pagerwesi.* Von
https://id.wikipedia.org/wiki/Pagerwesi abgerufen

Wikipedia id. (27. 02 2020). *Gangga (Hindu).* Von
https://id.wikipedia.org/wiki/Gangga_(Hindu)
abgerufen

Yogawiki. (26. 09 2019). *Ramayana.* Von https://wiki.yoga-
vidya.de/Ramayana abgerufen

STICHWORTVERZEICHNIS